Inhaltsverzeichnis

Auftrag: Resozialisierung

Vorwort

Über kaum einen anderen Beruf wird in der Öffentlichkeit so wenig berichtet wie über den des Bediensteten im Strafvollzug. In der Vergangenheit und auch teilweise heute noch als „Schließer" bezeichnet, können sich nur wenige ein korrektes Bild von der Arbeit hinter den Mauern machen und man weiß gar nicht so recht, was ein Vollzugsbeamter den ganzen Tag so tut. Es ist sicher weitaus mehr, als nur Türen auf-und abzuschließen. Der Begriff „Schließer" stellt für die meisten Bediensteten zu Recht eine Abwertung ihrer Persönlichkeit und ihres Berufsbildes dar, denn ihre Aufgabe ist mittlerweile eine ganz andere: nämlich Resozialisierung!

Unsere Gesellschaft stellt bestimmte Ansprüche an den Strafvollzug, die er zu erfüllen hat. Und das erfordert von einem Vollzugsbeamten vielfältige Kenntnisse in verschiedenen sozialen Bereichen. Sei es Pädagogik, Psychologie oder Konfliktmanagement. Tagtäglich stellt der Umgang mit Straftätern hohe

Anforderungen an das Gefängnispersonal. Denn sämtliche Handlungen, die an inhaftierten Personen durchgeführt werden, sind gesetzlich festgelegt und unterliegen der stetigen Wahrung der Menschenrechte. Begehst Du als Bediensteter auch nur einen Fehltritt in der Ausübung deiner Dienstpflichten, kann das verheerende Konsequenzen mit sich ziehen. Und der Umgang mit Kriminellen ist ganz bestimmt kein „Zuckerschlecken", denn der Gefängnisalltag ist nicht selten geprägt von Gewalt, Unberechenbarkeit und Gefahren für Leib und Leben.

Ich hoffe mit meinem Werk zu erreichen, dass man sich als Außenstehender ein besseres Bild vom Strafvollzugsbeamten machen kann. Denn sie tragen mit ihrer alltäglichen Arbeit zur allgemeinen Sicherheit und Ordnung bei und sorgen mit sehr viel Aufwand dafür, dass Inhaftierte nach ihrer Entlassung ein möglichst straffreies Leben führen können. Um dieses Ziel, welches auch zeitgleich das gesetzlich formulierte „Vollzugsziel" darstellt, zu erreichen, bedarf es harter, langwieriger Arbeit, die zugunsten der Bevölkerung unseres

Landes stattf viel mehr wertgeschätzt w llte. Denn wenn jemand Ehre u nnung verdient hat, dann solche Menschen, die uns im Alltag vor Gewalt und Kriminalität schützen!

Stefan

Altrogge

Kapitel 1: Veränderungen

Vor noch gar nicht allzu langer Zeit sah der Alltag in deutschen Gefängnissen sehr viel anders aus als heute. Es ist auch sicherlich kein Geheimnis oder Verbrechen, wenn ich behaupte, dass in der Vergangenheit der Schwerpunkt einer Tätigkeit im Vollzug nicht gerade darin lag, Gefangene zu resozialisieren. Oder vielleicht wurde er auch nur anders interpretiert. Unstimmigkeiten oder Auseinandersetzungen mit Gefangenen wurden unkonventionell und kurzfristig aus dem Weg geschafft, denn das Ziel war für die Bediensteten, möglichst schnell wieder für Ruhe zu sorgen. Zur Selbstverteidigung wurden noch bis vor einigen Jahren Schlagstöcke verwendet, die auch regelmäßig zum Einsatz kamen. Man muss allerdings dazu sagen, dass Auseinandersetzungen mit Gefangenen häufig am Haftraum oder auf dem Weg dorthin stattfinden. Man darf den seelischen Zustand eines vielleicht gerade siebzehnjährigen Inhaftierten, ungeachtet dessen, dass er eine wohlmöglich abscheuliche Straftat begangen hat, nicht unterschätzen. Der Freiheitsentzug löst gerade bei jugendlichen Strafgefangenen oftmals Depressionen, Ängste oder Wut aus, die dazu führen, dass das konsequente Verhalten der Beamten ein innerliches Fass zum Überlaufen bringt. Die personelle Situation war in der Vergangenheit in den Gefängnissen noch schlechter als heute und die Einrichtungen waren nicht selten deutlich über ihre Kapazitäten hinweg belegt. Mangelnde Hygiene, wenig Patz, kaum Freizeitmöglichkeiten und die fehlende Förderung sozialer Kontakte sorgten für reichlich Zündstoff bei den Inhaftierten. Das wiederum war die Rechtfertigung dafür, dass die Vollzugsbeamten bewaffnet werden mussten um sich schnell zu ihrem eigenen Schutz zur Wehr setzen zu können. Kam es zu einer Auseinandersetzung zwischen Bediensteten und Gefangenen, entwickelte sich daraus schnell eine unkontrollierte, barbarische Keilerei, die auf beiden Seiten nicht selten zahlreiche Verletzte forderte. Wenn es den Beteiligten gelang, eine solche Situation, die innerhalb von Sekunden entstehen konnte, unter Kontrolle zu bringen, stellte man schnell fest, dass die meisten Verletzungen unter den Bediensteten entstanden waren. Die hatten nämlich zwischenzeitlich mit zehn Mann auf einem Gefangenen gelegen und aufgrund der Tatsache, dass sie eigentlich gar nichts genaues sehen konnten, gegenseitig aufeinander eingeprügelt. Für den Gefangenen, der unten lag und weitaus weniger Schläge abbekam, muss dieses Schauspiel jedenfalls sehr amüsant gewesen sein. Man stellte also fest, dass eine Bewaffnung innerhalb der Gefängnismauern den Krankenstand der Bediensteten erhöht und die Gefangenen unverhältnismäßig schwer verletzt wurden. Das verfehlte ein wenig das Ziel des Vollzuges. Aber es sollten schon bald Veränderungen eintreten, nachdem man seitens des Justizministeriums beschloss, den Vollzug neu zu strukturieren. Am deutlichsten gab sich dieses Vorhaben im Jugendstrafvollzug zu erkennen, wo fortan der erzieherische Aspekt im Vordergrund stand. Im Erwachsenenvollzug hingegen lag der Schwerpunkt schon immer auf Behandlung und Betreuung und hat sich über die Jahre kaum verändert. Man schrieb sich also auf die Fahnen, den Gefangenen innerhalb der Mauern mehr zu bieten. Der Sozial- und psychologische Dienst sowie der pädagogische Dienst wurden verstärkt und weiterentwickelt, um ein breites Beschäftigungsprogramm für die Gefangenen zu entwickeln. Außerdem wurden Arbeits- und Ausbildungsbetriebe eingerichtet, um den Bildungsstand der Gefangenen zu erhöhen und damit eine der wichtigsten Voraussetzungen für eine erfolgreiche Resozialisierung zu schaffen. Der allgemeine Vollzugsdienst, so nennt sich der Tätigkeitsbereich des „Schließers", wurde mehr und mehr in die Betreuungsarbeit eingewiesen, sodass die Bediensteten aus diesem Bereich fortan begannen, eine gewisse persönliche Verantwortung für drei oder manchmal vier „Schützlinge" zu übernehmen. Sie lehren die Gefangenen, für ihr Leben Verantwortung zu übernehmen und sich selbst um Wohnungen, Arbeitsstellen oder die Aufarbeitung von persönlichen Problemen zu kümmern. Die Betreuer fungieren auch als Ansprechpartner und Vertrauensperson in allen Lebenslagen eines Gefangenen, aber auch als Bindeglied zwischen dem Gefangenen und dessen Angehörigen und legen somit einen wichtigen Grundstein für ein straffreies Leben nach ihrer Haftzeit. Ein fester Wohnsitz und eine Perspektive auf eine Ausbildungsstelle tragen hauptsächlich dazu bei, dass die Gefangenen aus ihrem meistens ebenso kriminellen Umfeld herausgelöst werden und gar nicht erst wieder mit unrechtmäßigen Machenschaften in Kontakt geraten.

Man passte das Vollzugsleben nach und nach dem Leben außerhalb der Mauern an und schuf in den Gefängnissen vergleichbare Verhältnisse wie im realen Leben. Es gab nun immer mehr die Möglichkeit, sich in handwerklichen Berufen wie Tischler, Maurer oder Maler ausbilden zu lassen. Die Gefangenen bekamen ein Gemeinschaftstelefon auf jeder Haftabteilung, welches sie gegen ein entsprechendes Entgelt relativ uneingeschränkt nutzen können um den regelmäßigen Kontakt zu Familie und Freunden zu halten. Das war allerdings noch längst nicht alles. Das Sport- und Freizeitangebot wurde enorm ausgebaut, sodass eigentlich jeder irgendetwas nach seinem Interesse finden konnte, wenn er wollte. Nach und nach war man in der Lage, sich von dem berüchtigten Schlagstock zu trennen, da die Übergriffe auf die Bediensteten von nun an immer mehr abnahmen. Es wurde allmählich ruhiger und die Gefangenen wirkten ausgeglichener. Zeitgleich bemühte man sich, auch die Vollzugsbediensteten besser zu schulen. Dadurch, dass der Tätigkeitsschwerpunkt nicht mehr nur auf das „Unter Verschluss bringen" und die Beaufsichtigung beschränkte, sondern sich eher in pädagogische Aufgaben abwandelte, bestand kurzerhand auch die Berufsausbildung bald zum größten Teil aus Fächern wie Kommunikation, Konfliktmanagement, Psychologie, Pädagogik, Deeskalations- und Sicherungstechniken, Sozialkunde oder Kriminologie und Straf- und Vollzugsrecht. Von nun an mussten die Bediensteten mehr mitbringen als nur körperliche Fitness-sie mussten fortan menschliche Kompetenzen aufweisen können.

Kapitel 2: Grundlagen und Anforderungen…

Jeder, der mit dem Gedanken spielt, im Vollzug tätig zu werden, sollte sich ausgiebig über das Berufsbild informieren. Im folgenden Kapitel werde ich darüber Aufschluss geben, was „Vollzug" im Sinne des Strafrechts überhaupt bedeutet, welche Auswirkungen dieser auf unsere Gesellschaft hat und was man für eine Tätigkeit in diesem Bereich in jedem Fall mitbringen muss.

Zunächst unterscheidet man verschiedene Hauptvollzugsarten, die auf unterschiedlichen Gesetzesgrundlagen basieren. Der Strafvollzug ist, ebenso wie die Polizei, Ländersache. Jedes deutsche Bundesland regelt also seine Aufgaben, Tätigkeiten und Befugnisse selbst und bedient sich hierzu an verschiedenen Gesetzen. In Nordrhein-Westfalen gibt es als so ziemlich einziges Bundesland neben dem Strafvollzugsgesetz, welches den Erwachsenenvollzug regelt, das Jugendstrafvollzugsgesetz. Während in anderen Bundesländern der Jugendvollzug über deren reguläres Strafvollzugsgesetz abgehandelt wird, gibt es beispielsweise in NRW ein separates Regelwerk, welches unter anderem explizit auf die Betreuungs- und Resozialisierungsbedürfnisse jugendlicher Straftäter abgestimmt ist. Hierunter fällt zum Beispiel die Verpflichtung zur Ausbildung oder Arbeit während der Haftzeit oder die Einhaltung von Gesetzen in Bezug auf den Jugendschutz. Da der Vollzug ausschließlich hoheitliche Aufgaben wahrnimmt, das betrifft sozusagen das regelmäßige Eingreifen eines Bediensteten in die Grundrechte eines anderen Menschen, spielen das Grundgesetz, das Beamtenstatusgesetz, das Strafgesetzbuch, die Strafprozessordnung, Richtlinien für Sicherheit und Ordnung, Dienst- und Sicherheitsvorschriften des Strafvollzuges oder das Untersuchungshaftvollzugsgesetz bei der Ausübung einer Vollzugstätigkeit eine wichtige und tragende Rolle. Entscheidet man sich für den Beruf des

Vollzugsbeamten, so muss man grundsätzlich die Bereitschaft mitbringen, sich intensiv mit Gesetzen auseinanderzusetzen, diese zu beherrschen und anwenden zu können. Interessenten müssen sich also darüber im Klaren sein, dass verpflichtend ab Tätigkeitsbeginn -sofern die Eignungsprüfung erfolgreich abgeschlossen wurde- eine zweijährige Ausbildung mit anschließender Laufbahnprüfung folgen wird. Ohne diese Ausbildung ist eine dauerhafte Weiterbeschäftigung im allgemeinen Vollzugsdienst einer Justizvollzugsanstalt nicht möglich. Wird die Ausbildung jedoch erfolgreich abgeschlossen, so winkt ein dauerhaft sicherer und abwechslungsreicher Arbeitsplatz mit regelmäßigen, überdurchschnittlich hohen Bezügen und familienverträglichen Dienstzeiten.

Neben einer „weißen Weste" muss man für den Beruf des Justizvollzugsbeamten mittlerweile so einiges mitbringen. Während das Justizministerium NRW in der Vergangenheit aufgrund akuter Personalnot durch hoffnungslos überfüllte Gefängnisse so gut wie Jeden kurzfristig eingestellt hat, haben die Veränderungen des Vollzuges im Laufe der Jahre ein ganz neues, deutlich höheres Anforderungsprofil an die künftigen Bediensteten hinter den Gefängnismauern gestellt. Vor allem im Jugendstrafvollzug übernahmen die Bediensteten eine ganz neue Rolle. Durch eine vorbildliche Lebensführung und einem damit in Verbindung stehenden hohen Pensum an Lebenserfahrung sollten die Vollzugsbediensteten von nun an erzieherisch auf die Gefangenen einwirken. Vormachen, Erklären und Nachmachen ist heute die Devise, nach der sich der Alltag eines Strafgefangenen in einer Haftanstalt strukturiert. Dieses Prinzip hat unter anderem bei der Personalauswahl zur Folge, dass die im Jugendstrafvollzug eingesetzten Bediensteten ein deutlich höheres Lebensalter zum Zeitpunkt ihrer Einstellung vorweisen als noch vor zehn Jahren. Hierdurch wurde in den letzten Jahren auch das Höchstalter bis zu einer möglichen Verbeamtung vor allem in NRW immer weiter nach oben angepasst. Während um die Jahrtausendwende das

Höchsteinstiegsalter bei 27 Jahren lag, liegt es im Jahr 2017 bei 40 Jahren. Somit hat man sich bemüht, einerseits dem stetigen Personalmangel entgegenzuwirken, und andererseits durch Lebenserfahrung geprägte Bedienstete als Vorbilder für perspektivlose und unerzogene Jugendliche als Erziehungs- und Resozialisierungshilfen einzusetzen. Dieses System scheint anhand gesunkener Rückfallquoten gut zu funktionieren.

Ein potenzieller Vollzugsbeamter bringt also idealerweise nicht nur soziale Kompetenzen und die uneingeschränkte Bereitschaft zum Schichtdienst mit, sondern auch körperliche Fitness und die Bereitschaft, Selbstverteidigungstechniken und den Umgang mit Waffen zu erlernen. Neben der physischen Belastbarkeit ist vor allem psychische Stabilität wichtig. Bevor man mit einer Tätigkeit im Vollzug beginnt, sollte man sich ausgiebig über die Arbeit hinter den Gefängnismauern informieren. Was dort auf einen „einprasselt", sollte man nicht unterschätzen. Denn innerhalb der

Mauern kommt es nicht selten zu Übergriffen unter Gefangenen oder auf Bedienstete. Es werden Fluchtvorhaben oder Geiselnahmen geplant, Drogen konsumiert und Alkohol angesetzt. Auch das Anfertigen von selbstentworfenen Waffen gehört zu einer beliebten Freizeitbeschäftigung, vor allem von den Gefangenen, die sich eigentlich auf dem Weg der Resozialisierung befinden. Gerade ist man also der Meinung, man hätte seinen „Schützling" in etwa auf den richtigen Weg gebracht -denn er macht ja eine Ausbildung, ist immer nett und freundlich, hat Ordnung und Sauberkeit gelernt-, steht er im nächsten Moment jedoch unbeobachtet an einem Metallschleifgerät in seinem Lehrbetrieb und fertigt aus seinem Kaffeelöffel eine Stichwaffe an…

Es kann einem Bediensteten in so einer Situation, gerade wenn er neu dabei ist, persönlich sehr viel abverlangen, wenn man sich nicht auf diesen Beruf vorbereitet. Es besteht die Gefahr, das Vertrauen in das System des Strafvollzuges zu verlieren, wenn man nicht von Anfang an mit Allem zu jeder Zeit rechnet. Dazu gehören auch persönliche Enttäuschung und Vertrauensbruch. Das ist ein Teil des Alltags im Vollzug!

Hat man sich nun allen offenen Fragen gestellt und sich über alle Aufgabenbereiche eines Vollzugsbediensteten im Jugendstrafvollzug informiert, scheint man erstmal gewappnet für den Eintritt in ein gesichertes berufliches Umfeld. Erfüllt man die zuvor genannten persönlichen Anforderungen, die im Grunde von jeder Vollzugsanstalt, die Personal einstellt, in einer entsprechenden offiziellen Stellenausschreibung noch einmal detailliert dargestellt werden, sollte man sich nicht scheuen, eine schriftliche, vollständige Bewerbung auf dem Postweg bei seiner Wunsch-JVA einzureichen.

Kapitel 3: Der Eignungstest

Jetzt ist man soweit, dass man sich der neuen Herausforderung, den ganzen lieben Tag lang mit Kriminellen zusammen zu arbeiten, hochmotiviert stellen möchte. Noch immer hat man jedoch keine Vorstellung davon, was einen am Ende erwartet, wenn man seinen ersten Dienst in der JVA verrichtet. Denn auch in einer Tätigkeit im Strafvollzug liegen Theorie und Praxis sehr oft sehr weit auseinander, wie sich später noch herausstellen wird.

Die Bewerbung ist nun schon seit drei Wochen seit dem Zeitpunkt des Versendens unterwegs. So langsam macht sich der Gedanke breit, dass Papier geduldig ist. Wieder mal typisch Behörde. Das man allerdings die Bewerbungsfrist nicht beachtet hat, so wie es bei den meisten öffentlichen Einrichtungen bei der Ausschreibung von Stellen vorgegeben ist, fällt einem meistens erst dann auf, wenn man ungeduldiger Weise bei dem potenziellen Arbeitgeber nachgefragt hat und dieser einem genau den Tag des Ablaufs der

Bewerbungsfrist mitgeteilt hat. Peinlich. Also Abwarten und Tee trinken, bis was kommt. Urplötzlich liegt dann eines Tages doch ein großer brauner Umschlag im Briefkasten, der zunächst mal den Eindruck einer Absage vermittelt. Super, hätte man mal lieber nicht nachgefragt, was mit der Bewerbung ist. Ungeduldig wird man jedoch trotzdem den Umschlag öffnen, um sich die Gewissheit einzuholen, dass man dieses Mal wohl nicht am Bewerberauswahlverfahren teilnimmt. Pustekuchen! Ein entsprechendes Anschreiben geht einem Stapel von Unterlagen voraus, den man als Bewerber noch nach bestem Wissen und Gewissen auszufüllen hat. Wenn man also bestimmte Grundvoraussetzungen aus Sicht der einstellenden Behörde als Arbeitnehmer erfüllt, wird man grundsätzlich zum Eignungsfeststellungsverfahren zugelassen. Es zählt auch oftmals der erste Eindruck. Bewerbungsunterlagen werden in der Regel vom Leiter des Allgemeinen Vollzugsdienstes und vom Ausbildungsleiter gesichtet. Eine umfangreiche, vernünftig ausformulierte und vor allen Dingen vollständige

Bewerbung mit allen nachvollziehbaren Lebens- und Berufsabschnitten, aktueller Lebenssituation, Interessen und Hobbys sind für eine ausreichende persönliche Bewertung eines potenziellen Bewerbers für die Entscheidungsträger enorm wichtig. Sollten an der Stelle der Bewerbungssichtung bereits „Ungereimtheiten" auftreten, wird mit sehr großer Wahrscheinlichkeit eine Absage erteilt. Wenn man also die weiteren, auszufüllenden Unterlagen bekommt, hat man schon einmal den größeren Kreis der für die JVA interessanten Bewerber erreicht. Nun ist es wichtig, Angaben über Vorstrafen und Schulden zu machen, sein Einverständnis zu einer sogenannten Sicherheitsüberprüfung zu geben und ein erweitertes Führungszeugnis zu beantragen. Dies ist in der Regel für Behörden bestimmt. Der Unterschied zum standardisiertem Führungszeugnis ist der, dass in dem erweiterten Zeugnis noch weitere Delikte im niedrigen Strafbereich (Menschenhandel, Ausbeutung von Prostituierten, Verletzung der Fürsorgepflicht, Erstverurteilungen unter 90 Tagessätzen Geldstrafe oder unter 3 Monaten

Freiheitsentziehung) aufgeführt sind. Es ist also deutlich umfangreicher. Bei der anstehenden Sicherheitsüberprüfung wird durch die einstellende Behörde festgestellt, ob man kriminellen oder verfassungswidrigen Organisationen angehört oder beispielsweise terrorverdächtig ist.

Weiterhin erhält man mit diesen Unterlagen sämtliche Informationen über den Ablauf des Auswahlverfahrens. In der Regel gliedert sich dieser in drei Abschnitte. Im ersten Abschnitt werden schulische Leistungen (Deutsch, Mathematik, logisches Denkvermögen) und ein psychologischer Belastungstest abgefragt. Im zweiten Teil der Aufnahmeprüfung findet ein Sporttest statt. In der Vergangenheit wurde hierzu das Deutsche Sportabzeichen vorausgesetzt, dessen erfolgreiches Absolvieren bis um Tag der Einstellung in den allgemeinen Vollzugsdienst nachgewiesen werden musste. Seit 2013 gibt es in der Justiz NRW allerdings einen Fitnesstest, der in Form eines Parcours in einer bestimmten Zeit abgeleistet werden muss und das Sportabzeichen somit ablöst. Ein Nichtbestehen dieses

Tests hat das Nichtbestehen des Auswahlverfahrens zur Folge. An dieser Stelle sei erwähnt, dass dieser neuartige Test einen ziemlich hohen Anspruch an die körperliche Leistungsfähigkeit eines jeden Bewerbers stellt und vor allem nach längerer Sport-Abstinenz seinen Tribut zollt – mit wenigstens einem Muskelkater an Stellen des Körpers, die man vorher gar nicht kannte...

Im dritten Abschnitt werden die Sozialkompetenzen getestet. Rollenspiele, Gruppengespräche und letztlich ein abschließendes Auswertungsgespräch mit dem Leitungskreis einer JVA sind Hauptbestandteile dieses Prüfungsteils. In den Rollenspielen und Gruppengesprächen (bestehend aus mehreren Bewerbergruppen) wird die Teamfähigkeit, Überzeugungs- und Durchsetzungskraft sowie Argumentationsfähigkeit eines jeden Bewerbers getestet. Hier stehen die Teilnehmer unter ständiger Beobachtung und werden im Laufe dieser Gespräche durch die Anstaltsleitung, Psychologen, Sozialarbeiter, Ausbildungsleitung, Vollzugs- und Werkdienstleitung und den

Gleichstellungsbeauftragten der Einrichtung beurteilt. Schließlich berät sich das Gremium über die potenziellen Bewerber und stellt fest, welcher von ihnen letztlich am besten für die ausgeschriebenen Stellen geeignet ist und somit ins geforderte Bild des idealen Vollzugsbeamten der jeweiligen JVA passt. Allerdings ist in der Ausbildungs- und Prüfungsverordnung für den Vollzugsdienst des Landes NRW festgeschrieben, welche persönlichen Mindestanforderungen von den Bewerbern für eine Eignung erfüllt werden müssen. Also hat das Land die Fäden in der Hand. Lediglich der „Feinschliff" wird von der jeweiligen Dienststelle selbst vorgegeben.

Am Ende des dritten, erfolgreich absolvierten Tages erhält der Bewerber die Mitteilung, ob er für eine Tätigkeit im Strafvollzug geeignet ist. Hierzu unterschreibt er einen Eignungsbescheid, was jedoch noch nicht heißt, dass er eingestellt wird. Es fehlt bis dahin noch das Ergebnis der Sicherheitsüberprüfung und ein entsprechendes Okay vom Gesundheitsamt, welches nach einer entsprechenden Terminvergabe durch einen Amtsarzt die gesundheitliche Eignung für den Vollzugsdienst feststellen muss. Wenn auch diese Kriterien zugunsten des Bewerbers ausgefallen sind, hat man die wichtigste Hürde für eine Einstellung genommen und der Weg Richtung Traumberuf ist gar nicht mehr so weit. Ein paar Wochen später wird ein entsprechender Einstellungsbescheid an die erfolgreichen Absolventen versandt. Hieraus erfährt man das genaue Einstellungsdatum sowie Ort und Uhrzeit, an dem man sich in seiner Behörde einzufinden hat. Man sieht also, dass der Weg, in einer Sicherheitsbehörde tätig zu werden, anspruchsvoll und wirklich nicht einfach ist.

Kapitel 4: Eine Reise ins Unbekannte

Wochenlang hat man nun auf diesen Tag gewartet. Der erste Tag hinter den Mauern eines in die Jahre gekommen Gebäudekomplexes aus rotem Backstein, Stahl, Beton und haufenweise Stacheldraht. Meterhohe Mauern umgeben eine Reihe von Unterkunfts-, Schul- und Betriebsstätten, alles sauber und überschaubar angeordnet. Das Haftgebäude ist im Laufe der Zeit erweitert worden indem über die letzten Jahre Neubauten daran angereiht wurden, um spezielle Behandlungsabteilungen wie z.B. Therapievorbereitungs- und Sozialtherapieabteilungen zu schaffen. Mehrere Innenhöfe sind im Uhrzeigersinn um die vier Haupthafthäuser angeordnet, auf denen der tägliche Freigang der Gefangenen stattfindet. Einige davon sind zu Sportplätzen mit Tartanbelag umfunktioniert. Die anstaltseigene Fußballmannschaft und das Football-Team, welches aus den Bediensteten-

Reihen der sozialtherapeutischen Abteilung organisiert wird, trainiert hier regelmäßig. Der erste Gang der neuen Kolleginnen und Kollegen durch den Anstaltskomplex beginnt an der Außenpforte. Vor einem gigantischen, doppeltürigen Stahltor warten die künftigen Vollzugsbeamten darauf, vom Ausbildungsleiter der JVA in Empfang genommen zu werden. Ein Personaleingang liegt links neben dem riesigen Tor, hinter dem eine Fahrzeugschleuse liegt. Die Tür des Personaleingangs wird von den sogenannten Pfortenbeamten geöffnet. In der Außenpforte herrscht die höchste Sicherheitsstufe eines Gefängnisses. Ein gutes Dutzend Monitore liefert Bilder aus dem gesamten Anstaltsbereich. Besonders gesicherte Hafträume, Schlichtzellen und zahlreiche Bereiche hinter und vor den Gefängnismauern können hier eingesehen werden. Gegensprechanlagen der verschiedenen Sicherheitszaunschleusen, der gesamte Funkverkehr der Bediensteten und die Kontrolle der Zufahrtstore zur Haftanstalt laufen hier auf. Beim Durchschreiten der Personalschleuse blickt man auf der linken Seite durch Panzerglasscheiben in die Außenpforte. Auf der rechten Seite blickt man in die Fahrzeugschleuse, in der soeben ein Kühltransporter, der Lebensmittel für die Anstaltsküche anliefert, von Vollzugsbeamten kontrolliert wird. Hinter der Personalschleuse wartet bereits der Ausbildungsleiter, um seine neuen Schützlinge in Empfang zu nehmen. Nach einer kurzen, aber freundlichen Begrüßung der neuen Kollegen erfolgt ein Hinweis seitens des Ausbildungsleiters, wie das System „JVA" funktioniert. Jeder Bedienstete wird mit einem Personenschutzgerät (kurz PSG) ausgestattet, einer Alarmeinrichtung, die im Falle eines Übergriffs auf einen Bediensteten durch einen sogenannten Abrissalarm ein Signal an die Anstaltszentrale und an alle übrigen PSG-Verwender sendet. Wenn solch ein Signal ertönt, ist entweder Gefahr im Verzug und ein Kollege ist von einem Gefangenen angegriffen worden. Oder der Abrissalarm ist mal wieder beim Hinsetzen in den Bürostuhl versehentlich abgerissen und die halbe Anstaltswelt bricht unnötig in Panik aus. Letzteres kommt übrigens deutlich häufiger vor und sorgt unter erfahrenen Bediensteten oftmals für Belustigung! Man soll ja auch Spaß an der Arbeit haben. Im weiteren Verlauf des Gesprächs zwischen Ausbildungsleiter und Dienstanfängern werden die Schlüsselfächer in der Außenpforte zugewiesen. Jeder Beamte erhält sein eigenes Fach, indem sich das Herzstück einer Justizvollzugsanstalt befindet: Die Anstaltsschlüssel! Zwei verschiedene Schlüssel gewährleisten ein freies Bewegen aller Vollzugsbediensteten in alle Anstaltsbereiche. Allerdings gilt dies nicht für externe Mitarbeiter, die Gefangene unterrichten oder bestimmte Dienstleistungen für die JVA erbringen. Diese Mitarbeiter können nicht eigenständig Gefangene aus ihren Hafträumen holen und sich mit ihnen durch den Anstaltsbereich bewegen. Nach Ausfüllen eines Schlüsselübergabeprotokolls werden die neuen Bediensteten direkt in die Verantwortung in Bezug auf ihre Schlüsselgewalt gestellt und auf die große Verantwortung, die sie von nun an täglich tragen müssen, hingewiesen.

Die ersten Schritte aus der Außenpforte hinein ins Innere des Anstaltsgeländes sorgen für beängstigende Unsicherheit und zeitgleich für Überwältigung. Unbefangen und nahezu ohne jede Vorstellung davon, was einen innerhalb der Gefängnismauern erwartet, wagt man nun die ersten Schritte in ein Territorium, von dem die allgemeine Bevölkerung nahezu nichts weiß. Auch wenn man sich zuvor Bilder von Haftanstalten angesehen hat, deckt sich das dabei Empfundene längst nicht mit dem, was jetzt auf einen einprasselt. Die ohnehin schon hohen Gefängnismauern wirken nun noch höher. Der aufgesetzte Stacheldraht schafft eine bedrohliche Atmosphäre und scheint unüberwindbar. Sicherheitsmaßnahmen wohin das Auge auch blickt. In jedem Winkel Kameras in allen Variationen, gigantische Zwischen-Tore und Zäune, die optisch eine Art Todeszone zur Außenmauer bilden. An jedem Tordurchgang befindet sich eine Verriegelung, die nur durch Identifizierung der Bediensteten per Kameraüberwachung entriegelt wird und nicht ohne weiteres mit den Anstaltsschlüsseln aufgeschlossen werden kann. Der Weg führt zunächst in einen gigantischen Innenhof direkt hinter der Außenpforte. Man bewegt sich entlang der Verwaltungsgebäude, die fast wie alte, idyllische Stadtvillen aussehen, auf das Haftgebäude zu. Eine geschlossene, hohe Quermauer verhindert noch den Blick auf den Rest des massiven, spitzbedachten Kreuzbaus, der über 350 Haftplätze für junge Straftäter beinhaltet. Über den Vorplatz fahren Gefangenentransporter, sogenannte Umläufe, ein und befördern potenzielle Gefangene aus anderen Haftanstalten zu Verlegungszwecken in das einzige Jugendgefängnis Ostwestfalens. Die sogenannte Kammer, die für die Abwicklung von Neuaufnahmen und Entlassungen von Gefangenen zuständig ist, befindet sich häufig in den Kellergeschossen der Gefängnisse, um die Gefangenenzuführung anderen Häftlingen gegenüber möglichst diskret zu halten. Auf diese bewegt man sich ebenso zu, bevor man eine der drei Türen in den Hafthausbereich durchschreitet. Der Weg soll jedoch zunächst rechts an der Außenmauer entlang um das Anstaltsgelände herumführen. Der Ausbildungsleiter wird den neuen Bediensteten ein Gefühl dafür geben, wie weitläufig der Bereich des

Anstaltsgeländes ist. Innerhalb kurzer Zeit muss sich jeder Kollege allein in der Justizvollzugsanstalt orientieren können. Unter den Neuen wird nicht viel gesprochen. Zahlreiche Eindrücke werden aufgenommen, die Blicke fallen immer wieder in die Richtung der dreistöckigen Hafthäuser. In den Haftraumfenstern erkennt man hinter eingelassenen Titangittern und einer Feinvergitterung Gefangene, die die neuen „Beamten" kritisch und haargenau beäugen. Zigaretten rauchend rotzen sie aus den Fenstern oder hängen wie Affen an den Gittern. Man erkennt, dass kühlpflichtige Lebensmittel auf den Fensterbänken gelagert werden und Wäsche zum Trocknen an den Gittern aufgehängt wird. Den weiblichen Kollegen wird hinterhergepfiffen, es fallen sexuell anzügliche Bemerkungen und Beleidigungen. „Ich ficke Deine Mutter" und „Hurensöhne" sind oftmals nur die harmloseren Ausdrücke, die die Inhaftierten lauthals von sich geben. Kaum hat man einen Hafthausbereich passiert, erwartet einen beim Nächsten dasselbe Spiel. In den Höfen einiger Hafthäuser sammeln sich Berge von Müll, der aus den Fenstern durch herausgetretene Feinvergitterungen geworfen wird. Man erkennt schon die ersten Ansätze, warum junge Menschen hier einsitzen. Der äußere Eindruck spricht bereits Bände. Man spürt förmlich die Aggressionen, die von den jungen Gefangenen ausgehen und fragt sich, wie es dem System des Jugendstrafvollzugs wohl gelingt, diese Menschen wieder auf den richtigen Weg zu bringen. Wie gehen wohl die übrigen Kollegen mit diesen speziellen Menschen um? Man wird es bald erfahren.

Der Ausbildungsleiter führt die Kollegen über die Schulgebäude in die Arbeitsbetriebe. Eine Schlosserei, Tischlerei, der Bauhof, ein Gebäudeservice, ein Malerbetrieb, ein Elektrobau-Betrieb, zwei Unternehmerbetriebe, eine Küche und eine Bäckerei bilden die Grundlage für zahlreiche Ausbildungsmöglichkeiten innerhalb des Gefängnisses. Mit seinem eigenen Sanitätsbereich, einem Anstaltsarzt und einem Zahnarzt sowie einer Sporthalle bildet das Jugendgefängnis in Herford mit all den zuvor erwähnten Einrichtungen eine eigene „kleine Stadt" für sich und gewährleistet damit eine eigene Infrastruktur, ohne die Außenwelt großartig mit einbeziehen zu müssen. Der Ausbildungsleiter setzt seine Führung fort, indem er den Weg über die sozialtherapeutische Abteilung ins Innere des Hafthauskomplexes wählt. Hier ist unter anderem auch der Sanitätsdienst und eine anstaltseigene Kirche angesiedelt. Es laufen einem immer mehr Bedienstete über den Weg, denen trotz Ausübung Ihres Dienstes stets ein nettes „Hallo" über die Lippen huscht. Es entsteht, je weiter man sich in den Hafthäusern bewegt, ein nahezu familiärer Eindruck. Bis auf den Anstalts- und Verwaltungsleiter „duzen" sich alle, die Hierarchie scheint trotzdem glasklar zu sein. Je mehr Dienstjahre, desto mehr Weisungsbefugnis. Man fängt zwar in einer verantwortungsvollen Funktion an, ist jedoch hier das schwächste Glied in der Kette. Selbst der Kollege, der nur ein Jahr länger im Dienst ist, gibt den Ton gegenüber den Neuankömmlingen an. Allerdings scheint niemand großartigen Wert auf Weisungsbefugnisse zu legen. Denn im Grunde machen Alle dort den gleichen Job und sitzen für den Fall, dass es auch mal ernst wird, im selben Boot. Verlässlichkeit wird deutlich höher gewertet als Dienstränge. Und das schafft das nötige Vertrauen, das benötigt wird um „Hand in Hand" zusammen zu arbeiten. Der Rundgang endet nun im Büro des Ausbildungsleiters, der den Neulingen nun auch das „Du" anbietet. Fragen werden geklärt, Eindrücke aus dem Rundgang werden besprochen. Es entsteht eine gemütliche Feedback-Runde, die keine Fragen offenlässt und das Gesehene erst einmal sacken lässt. Anschließend geht es weiter auf die jeweiligen Haftabteilungen, in denen die neuen Bediensteten in den nächsten Wochen und Monaten eingesetzt werden sollen, und werden dort mit ihren Bereichsleitern und Praxisanleitern vertraut gemacht. Sozusagen ein erstes Kennenlernen nach einem ereignisreichen Tag. Am Ende des Tages nimmt man einen Hinweis seitens eines guten Ausbildungsleiters mit nach Hause, der einen Dienstanfänger sichtlich nachdenklich stimmt:

„Es ist wichtig, dass ihr Euch in den nächsten Wochen genau beobachtet.

Solltet ihr feststellen, dass Euch der Dienst hier in der JVA belastet, dann erwägt den Schritt, Euch lieber doch noch einmal beruflich anders zu orientieren. Den Vollzug muss man mögen, denn das Arbeiten hier ist mehr als speziell und bringt die Kolleginnen und Kollegen oft an ihre Grenzen. Und das kann zu einer unglaublichen seelischen Belastung werden, die unter Umständen auch heftige Auswirkungen auf das gesamte Privatleben haben kann. Denn ihr werdet Euch verändern.“

Zu diesem Zeitpunkt ist einem noch nicht annähernd klar, wie sehr der Ausbildungsleiter mit seiner Aussage recht behalten soll.

Kapitel 5: Die Rahmenbedingungen

Wie in jedem anderen Vertrag, gibt es auch in der Justiz des Landes NRW das sogenannte „Kleingedruckte". Das steht nur nirgends auf einem Zettel, sondern wird klar im Gesetz geregelt. Zunächst einmal braucht man einen Vertrag über das, was man da tut. Man wird ja nicht, oder bzw. sehr selten von Beginn an verbeamtet. Das trifft eigentlich nur auf gescheiterte Berufssoldaten zu, die ungerechterweise für die Beamtenstellen bevorzugt werden. Aber das ist ein anderes Thema.

Zu Beginn der Tätigkeit als Vollzugsbediensteter erfährt man an keiner Stelle, wie hoch der Verdienst sein wird, mit dem man einsteigt. Da ja allerdings zum Großteil lebenserfahrenere Kolleginnen und Kollegen eingestellt werden, und diese meistens bereits finanzielle Verantwortung oder Fürsorgepflicht für Kinder innehaben, ist eine Information über den anfänglichen Verdienst für diese Menschen äußerst wertvoll. In

Anbetracht der Tatsache, dass man zu Beginn im Vollzug keinen eigenständigen Dienst verrichtet, sondern eigentlich nur mit seinem Praxisanleiter mitläuft, erhält man in den ersten sechs Wochen Bezüge aus einer Tätigkeit des Justizhelfers. Gezahlt wird nach Entgeltgruppe 4 TV-L (Tarifvertrag der Länder). Das wären brutto € 2.134,00. In Lohnsteuerklasse I (ledig, keine Kinder) bleiben etwa € 1.400,00, in Lohnsteuerklasse III (verheiratet) etwa € 1.600,00 übrig. An dieser Stelle taucht dann häufig die Frage auf, ob man sich diesen Job überhaupt leisten kann. Denn viele Dienstanfänger oder Bewerber haben bereits einen anderen Beruf erlernt, in dem sie schon lange tätig waren und deutlich mehr Geld verdient haben. Es könnte zunächst ein erheblicher finanzieller Einschnitt auf einen zukommen.

Allerdings relativiert sich das nach der Einarbeitungsphase recht schnell, denn falls man auf seine Verbeamtung und dem zeitgleichen Beginn der Laufbahnausbildung für den mittleren, nichttechnischen Verwaltungsdienst (Fachrichtung Justizvollzug) noch warten muss, erfolgt eine Umgruppierung in die Tarifgruppe TV-L 6, Stufe 2. Brutto liegt man derzeit (Stand Juli 2017) bei einem Gehalt von € 2564,00, was die finanzielle Lage ab diesem Zeitpunkt wieder etwas entspannen sollte. Trotzdem sollte beim Umgang mit den eigenen Finanzen Vorsicht geboten sein. In der Zeit, in der man als Angestellter im Landesdienst tätig ist, erhält man nach einer sechsmonatigen Probezeit einen unbefristeten Arbeitsvertrag beim Land NRW. Das eröffnet einem einen guten finanziellen Spielraum, vor allem bei der Aufnahme von Krediten und Finanzierungen. Man darf aber keineswegs vergessen, dass kurzfristig, meistens nach spätestens ein oder zwei Jahren, eine erneute Umstellung des Dienstverhältnisses erfolgt. Denn man hat sich ja zu Beginn des Dienstverhältnisses mit dem Land zur Absolvierung der Laufbahnprüfung in Verbindung mit einer zweijährigen Ausbildung verpflichtet. Von dem Tag der Verbeamtung an hat der unbefristete Arbeitsvertrag im Rahmen des TV-L keine Gültigkeit mehr und aus dem zuvor noch bombensicheren Dienstverhältnis wird ein Beamtenverhältnis auf Widerruf.

Und dieses Beamtenverhältnis auf Widerruf darf ruhig als unsicherstes Dienst- und Arbeitsverhältnis überhaupt bezeichnet werden. Es gilt nicht nur die Tatsache, dass der Verdienst wieder ins bodenlose sinkt. Als Beamter auf Widerruf kann man jederzeit aus dem Dienst entfernt werden. Auslöser hierfür können Dienstvergehen, Fehlzeiten oder Krankheitsphasen sein. Außerdem muss eine kostspielige, private Krankenversicherung abgeschlossen werden. Zwar dürfen Beamte mittlerweile auch in der gesetzlichen Krankenversicherung Mitglied bleiben, müssen jedoch den kompletten finanziellen Beitrag selbst zahlen. Dieser übersteigt teilweise sogar noch den Beitrag der privaten Krankenversicherung. Man muss sich diesen Job also schon irgendwie leisten können. Als Justizvollzugsobersekretär-Anwärter (so die offizielle Amtsbezeichnung eines Auszubildenden im Beamtenverhältnis auf Widerruf) erhält man Anwärterbezüge, derzeit in Höhe von € 1.164,00. Das stellt den Grundbetrag dar. Die Justiz zahlt in Anbetracht der Tatsache, dass eben hautsächlich lebensältere Kollegen in der heutigen Zeit ihren Dienst antreten, einen sogenannten Anwärtersonderzuschlag, der 50 % des Brutto-Anwärterentgelts (AW A7) ausmacht. Das bedeutet, dass auf das Grundgehalt noch einmal € 582,00 zusätzlich gezahlt werden, sodass sich das Bruttoentgelt dann bei € 1.746,00 für einen ledigen Beamten in Steuerklasse I beläuft. In Abzug werden lediglich Lohnsteuern gebracht, die hochgerechnet etwa 50 Euro betragen dürfte. Somit verbleibt ein Nettogehalt bereits in der Ausbildung von etwa € 1.700,00. Abzüglich der privaten Krankenversicherung, die in einigen Bereichen Anwärtertarife anbietet und mit etwa € 100 bis 150 Euro zu Buche schlägt, verbleibt ein reines Netto-Einkommen von ca. € 1550 – 1600,00. Nicht schlecht, oder? Ist man nun noch verheiratet und hat Kinder, wird ein sogenannter Familienzuschlag gezahlt, der seitens des Landes NRW recht großzügig ausfällt. Ist man verheiratet, wird eine Familienzulage von ca. € 130,00 gezahlt. Hat man dazu jetzt auch noch ein Kind, erhöht sich die Zulage auf € 248,00. Mit jedem weiteren Kind erhöht sich die Familienzulage weiter, sodass das Land schon ein Gefühl der finanziellen Absicherung vermittelt. Man will aufgrund des soliden und nicht niedrig angesetzten Gehalts der Korruption vorbeugen. Es geht den Beamten also auch in der Ausbildung schon nicht schlecht. Während der theoretischen Ausbildung, die ausschließlich in 3-Monats-Blöcken an der Justizvollzugsschule in Wuppertal stattfindet, ist man dort Vollzeit untergebracht und verpflegt. Verheirateten wird hier ein monatliches Verpflegungs- und Unterbringungs-Entgelt von ca. € 80,00 berechnet, Ledige zahlen etwa € 125,00. Dieser Betrag wird direkt vom Lohn einbehalten. Alles in allem nimmt das Land NRW seine Fürsorgepflicht gegenüber den Bediensteten wahr. Allerdings gibt es auch eine Kehrseite der Medaille. Sollte man während des Vorbereitungsdienstes aus dem Beamtenverhältnis auf Widerruf ausscheiden, aus welchem Grund auch immer, wird man von dem höchsten Grad der Absicherung in den tiefen Abgrund der sozialen Grundsicherung fallen! Aufgrund der Tatsache, dass Beamte sich nicht am Sozialsystem beteiligen (es werden keine Beiträge in die Sozialversicherungen gezahlt), stehen

Ihnen nach maximal einem Jahr im Beamtenstatus keine Leistungen wie z.B. aus der Arbeitslosenversicherung zu. Ein Ausscheiden aus dem Dienst bedeutet dann sofort Hartz IV! Zudem verliert man die Beihilfeberechtigung im Rahmen der privaten Krankenversicherung. Man darf zwar in seiner privaten Versicherung verbleiben, bekommt aber beim Begleichen seiner Arztrechnungen keine Unterstützung mehr vom Land. Das beteiligt sich nämlich bei verheirateten Beamten zu 70 %, bei unverheirateten Beamten zu 50 % an sämtlichen Arztkosten. Das bedeutet, dass auch die Versicherung, bei der man sich zuvor nur zu 30%, bzw. zu 50% versichern musste, höhere Beiträge verlangen wird. Das wird dann spätestens den Wechsel in die gesetzliche Krankenkasse nach sich ziehen. So gut, wie die Perspektive, irgendwann einmal in einem Beamtenverhältnis auf Lebenszeit zu stehen, auch klingen mag – bis dahin sind einige Hürden zu nehmen, die man nicht unterschätzen und genau durchdenken sollte!

Kapitel 6: Die Ausbildung

Um die künftigen Vollzugsbeamten auf Ihren Beruf vorzubereiten, durchlaufen diese einen Vorbereitungsdienst, der sie für die abschließende Laufbahnprüfung wappnet. Innerhalb von zwei Jahren sollen die Bediensteten den Umgang mit Gefangenen in einem praktischen und einem theoretischen Ausbildungsteil erlernen. Hierzu durchlaufen sie die gesamten Fachbereiche einer JVA und nehmen aktiv am Dienstgeschehen teil. Neben regelmäßigen Einsätzen in der Außenpforte, Kammer, Zentrale, im Abteilungsdienst, im Sportbereich, in der Aufnahmeabteilung, im Sozial- und psychologischen Dienst werden die Auszubildenden insgesamt für drei Seminareinheiten von jeweils drei Monaten Dauer zur Vollzugsschule nach Wuppertal geschickt, wo ihnen Fachkenntnisse über Vollzugspraxis, Vollzugsrecht, Verwaltungskunde, Kommunikation und Konfliktmanagement, Kriminologie und Vollzugspsychologie, Pädagogik, Beamtenrecht, Deeskalations- und

Sicherungstechniken, Waffenrecht und Sozialkunde vermittelt werden. Auch Sport und körperliche Fitness werden großgeschrieben, da am Ende eines jeden Trimesters erneut (wie zur Einstellung) ein Fitnesstest erfolgreich absolviert werden muss, um die Laufbahnausbildung fortsetzen zu können.

Es lässt sich also deutlich erkennen, dass der noch immer allzeit präsente Begriff des „Schließers" schon nahezu eine Beleidigung für die Ausübenden dieses Berufszweiges ist. Die Ausbildung zum Justizvollzugsbeamten ähnelt mittlerweile einem Studium und stellt im Grundsatz schon fast die Befähigung für den gehobenen Dienst dar, also ist der Titel „Schließer" heutzutage mehr als unpassend von der Bevölkerung gewählt.

Eine umfassendere, intensivere Ausbildung erhält man höchstens bei der Polizei, die ja auch nicht als „Verkehrsüberwacher" bezeichnet werden.

Es wird ausdrücklich davor gewarnt, diese Ausbildung zu unterschätzen. Sie bringt die Teilnehmer oft an ihre Grenzen, und trotzdem gibt es zahlreiche Kolleginnen und Kollegen, die ihre Laufbahnprüfung mit Bravour bestehen. Man braucht sich in der Justiz definitiv nicht zu verstecken und arbeitet ganz gezielt an einer Verbesserung des verrufenen Images, indem man das gehobene Anforderungsprofil durch die enormen Veränderungen des Vollzuges auf die Bediensteten der neuen Generation überträgt.

Im Übrigen besteht auch während der gesamten Schulzeit, wie an einer Polizeischule auch, Dienstkleidungspflicht. Die Justiz bemüht sich auf ihre Art, das Ansehen seines Vollzuges nicht nur durch innere, strukturelle Veränderungen, sondern auch durch ein seriöses äußeres Erscheinungsbild aufzubessern.

Neben der Schulzeit und den Ausbildungsabschnitten in der Stammanstalt absolvieren die Auszubildenden innerhalb der zwei Jahre Ausbildungsabschnitte von jeweils vier Wochen in anderen Haftanstalten. Dies sind in der Regel der offene Jugendstrafvollzug (z.B. in Hövelhof bei

Paderborn) und der geschlossene Erwachsenenvollzug (z.B. Detmold oder Bielefeld). Hier sammeln die Beamten zusätzliche Erfahrungen über Vollzugsformen, die in ihrer Stammanstalt nicht vorhanden sind.

Zusätzlich werden jedem Auszubildenden eine Reihe von Gesetzen von Beginn an mit auf den Weg gegeben. Um den theoretischen Ausbildungsteil zu unterstützen, geben die Ausbildungsleiter der jeweiligen Justizvollzugsanstalten vorab 60 Stunden Unterricht. Hier befasst man sich mit dem Strafvollzugs- (StVollzG) und Jugendstrafvollzugsgesetz (JStVollzG), mit den Richtlinien für Sicherheit und Ordnung, den Dienst- und Sicherheitsvorschriften für den Strafvollzug (DSVollz) und dem Untersuchungshaft-Vollzugsgesetz (UVollzG). Außerdem erhalten die Dienstanfänger einmal im Jahr eine intensive Drei-Tages-Veranstaltung im Rahmen der Deeskalations- und Sicherungstechniken. Hier wird nicht nur das korrekte Verhalten bei An- und Übergriffen durch Gefangene geschult, sondern auch der Ablauf von

Gefangenentransporten, Ausführungen, Anlegen der Körperschutzausstattung (KSA), Einsatz von Reizgas, Fesselungstechniken, Stürmen eines Haftraums und der Umgang mit Schusswaffen. In nordrhein-westfälischen Gefängnissen werden die Walther P99 sowie die Maschinenpistole MP5 verwendet.

Das Thema „Sicherheit und Ordnung" wird in Gefängnissen mehr als groß geschrieben. Der Vollzug steht ständig im Fokus der Öffentlichkeit und der Politik, da es heutzutage viele Gegner des Vollzugssystems in Deutschland gibt. Immer wieder hängt man die Bediensteten in der Öffentlichkeit förmlich auf, wenn ein Häftling zu „Schaden" gekommen oder gar verstorben ist. So etwas passiert immer wieder. Die häufigste Todesursache von Häftlingen während ihrer Haftzeit ist der Suizid. Daran kann ein Bediensteter, der während des Todeszeitpunktes eines Gefangenen auf der entsprechenden Abteilung Dienst gehabt hat, nicht verantwortlich gemacht werden, sofern er nicht gegen dienstliche Vorgaben verstoßen hat. Beispielsweise gibt es

Gefangene, die aufgrund psychischer Probleme oder Suizidäußerungen in regelmäßigen Zeitabständen beobachtet werden müssen. Auch solche Themen werden während der Ausbildung konkretisiert und man gibt sich alle Mühe, der Öffentlichkeit und auch dem System Strafvollzug durch eine mittlerweile hochqualifizierte Ausbildung der Bediensteten in jeder Hinsicht gerecht zu werden. Denn der „Prügelvollzug" ist Vergangenheit. Pädagogisches und diplomatisches Handeln und jegliche Einhaltung sämtlicher Vorschriften steht heutzutage beim Umgang mit Gefangenen ganz vorne an.

Kapitel 7: Willkommen in der Welt der

Kuriositäten

Die Dienstanfänger haben ihre Laufbahnprüfung erfolgreich abgeschlossen. Die Gesamtnote „Voll befriedigend" genügt den Ansprüchen der Lehrlinge und den Verantwortlichen in den jeweiligen Anstalten. Diese Note ersetzt das eigentliche „Gut". Es gibt also an der Justizvollzugsschule ein siebenstufiges Benotungssystem von sehr gut bis ungenügend. Voll befriedigend steht somit zwischen gut und befriedigend…naja, verstehe das, wer will. Auf jeden Fall wandern die ehemaligen Anwärter, die nun mit Bestehen der schriftlichen und mündlichen Laufbahnprüfung ins Beamtenverhältnis auf Probe in den Dienst ihrer Stammanstalt übernommen worden sind, in einen großen Personalpool. An diesem bedient sich vor allem gern der Dienstplaner der Anstalt, da an allen Ecken und Enden Personalnot herrscht. Dauerkranke, Wunschkranke, Kurzzeitkranke und kurzfristige Arzttermine, Kind-Kranke oder „Null-Bock-auf-Dienst"-Kranke treiben die Abwesenheitsquote einer JVA derbe in die Höhe und bringen jeden Anstaltsleiter an den Rand des Wahnsinns. Aber für die Dienstanfänger ergeben sich dadurch einmalige Möglichkeiten, in den verschiedenen Dienstbereichen ihr neu erlerntes Wissen anzuwenden und unter Beweis zu stellen. Von nun an machen die neuen Kollegen die Erfahrung, dass Theorie und Praxis zwei völlig verschiedene Paar Schuhe sind und zu Beginn für große Verwirrung unter allen Beteiligten sorgen. Während man krampfhaft versucht, in seinem Dienstalltag alles richtig zu machen, erkennt man an anderer Stelle, dass das „Falschmachen" durch erfahrene und dienstältere Kolleginnen und Kollegen aus Bequemlichkeitsgründen an der Tagesordnung ist. Es treffen also zwei Welten aufeinander, die sich im Dienstalltag selten vertragen.

Im Fokus der Arbeit eines Justizvollzugsbeamten steht ununterbrochen die Aufrechterhaltung der Sicherheit und Ordnung. Es gibt bestimmte Vorgaben, nach denen er sich dieser Kernaufgabe zu widmen hat. Beispielsweise müssen Gefangene unter ständiger und unmittelbarer Aufsicht stehen, wenn sie sich außerhalb ihrer Hafträume bewegen. Das klappt schon mal nicht, weil sie vor allem in den Arbeitsbetrieben Zutritt zu Nebenräumen haben müssen, um Arbeitsmaterialien zu besorgen oder Maschinen zu bedienen. Bei 20 Gefangenen in einem Betrieb wird es schwierig, eine durchgehende Aufsicht mit zeitweise nur einem bis zwei Bediensteten zu gewährleisten. Bitte nicht vergessen: Ich rede an dieser Stelle nicht von der Theorie – also wie es sein sollte, - sondern von der praktischen Realität!

Eine weitere Schwachstelle im Rahmen der Sicherheit und Ordnung ist die Besuchsabteilung. Vor allem im Jugendstrafvollzug legt man großen Wert darauf, dass die Gefangenen ihre sozialen, familiären Kontakte regelmäßig pflegen. Alle Besucher müssen sich rein theoretisch einer körperlichen Durchsuchung unterziehen. Das klingt erstmal klar geregelt. In der Realität sieht es allerdings folgendermaßen aus: Die

Eltern von Max P., der seit vier Monaten aufgrund von Beschaffungskriminalität in Verbindung mit gefährlicher Körperverletzung inhaftiert ist, kommen regelmäßig zweimal im Monat zu Besuch. Bei einem Gesamtgewicht der Beiden von etwa 300 Kilogramm halten sie es auch bei 30 Grad Außentemperatur nicht so mit der Hygiene. Dusche und Deo werden überbewertet, da man ja sowieso während der langen Autofahrt aus dem Ruhrgebiet ins weit entfernte Ostwestfalen wieder transpiriert. Auch die Kleidung trägt man ja schonmal einen Tag länger-schließlich war man ja in den letzten Tagen nur drei Mal in der Frittenbude und Waschen ist bekanntlich teuer. Da kann es natürlich sein, dass man in der Besucherkontrolle der JVA durch die Beamten etwas oberflächlicher kontrolliert wird, da man den Ankömmlingen nun nicht unbedingt mit grünlicher Gesichtsfarbe und dem ständig kaum noch zu unterdrückenden Würgreiz begegnen möchte, während man sich mit Einmalhandschuhen bewaffnet, durch diverse, verschwitzte Körperregionen wühlt...

Im schlimmsten Fall kommt noch hinzu, dass aktuell keine weibliche Bedienstete zugegen ist, die die körperliche Durchsuchung der Frauen übernehmen muss. Und zack…keine Kontrolle. Das bedeutet im Klartext, dass an dieser Stelle sehr leicht von Besuchern verbotene Gegenstände und Substanzen unbemerkt in die Anstalt eingebracht und unter den Gefangenen weitergegeben werden können.

Die Verantwortlichen für die Ausbildung der Vollzugsbeamten prügeln ihren Schützlingen im gesamten Ausbildungsverlauf immer wieder sämtliche Richtlinien und Dienstvorschriften in ihre Köpfe, die zur Aufrechterhaltung von Sicherheit und Ordnung maßgeblich sind. Der Hintergrund ist in erster Linie, das Schadensrisiko für die eigenen Bediensteten gering zu halten. Sollte es zu Übergriffen mit verletzten Bediensteten und Gefangenen kommen, wird seitens des Justizministeriums sehr genau gefragt, warum es überhaupt dazu kommen konnte und wer dafür verantwortlich war. Dienstanfänger sind hier stets das schwächste Glied in der

Kette…und das kann sich sehr negativ auf die weitere Laufbahn der Betroffenen auswirken. Also gilt für Dienstanfänger immer die Floskel:

„Immer mit dem Arsch an der Wand bleiben!"

Allerdings wird das bei der zunehmenden Oberflächlichkeit in Sicherheitsfragen seitens der betagteren Vollzugsbeamten sehr schwer, unter „neuen" und „alten" Kollegen einen gemeinsamen Nenner zu finden.

Ähnlich sieht es beim Thema „Haftraumkontrollen" aus. Das Jugendstrafvollzugsgesetz des Landes NRW schreibt vor, dass Hafträume der Gefangenen in regelmäßigen Zeitabständen seitens der Vollzugsbeamten zu durchsuchen sind. Innerhalb einer Woche sollen alle Hafträume wenigstens einmal auf verbotene Gegenstände kontrolliert worden sein. Auch hierzu gibt es unterschiedliche Ansichten. Während ein „erfahrener" Kollege einen Haftraum innerhalb von fünf bis zehn Minuten in Augenschein nimmt und sich auf die Kontrolle der grundlegenden

Sicherheitseinrichtungen wie Fenstergitter, Feinvergitterung oder Funktionalität der Gegensprechanlage und Türschlösser beschränkt, so braucht ein Dienstanfänger schon mal eine gute halbe bis dreiviertel Stunde, um einen Haftraum komplett zu zerlegen! Begonnen mit der Funktionskontrolle aller im Haftraum befindlichen Einrichtungsgegenstände wird der Haftraum systematisch unter die Lupe genommen. Angefangen am unangenehmsten Ort, dem Bad, werden Toilette, Klobürste, Rollenhalter und Spülkasten intensiv auf Versteckmöglichkeiten kontrolliert. Im WC-Rand, an den Verschraubungen für den WC-Sitz oder im Übergang zum Fallrohr werden sehr gern Drogen, Handys oder selbstgebaute Waffen versteckt. Gleiches gilt für sämtliche Abdeckungen oder den Spülkasten. Auch das Ablaufrohr des Waschbeckens wird nicht außer Acht gelassen, es wird zerlegt und befühlt – sicher nicht die angenehmste Arbeit. Der in den Fliesen eingelassene Spiegel wird abgenommen, wenn es Anzeichen dafür gibt, dass er bereits schon einmal gelöst worden ist. Nicht selten befindet sich dahinter eine selbstgebaute Vertiefung, die ab und an mal ein Handy oder auch Drogen beherbergt. Sämtliche persönliche Gegenstände des Gefangenen, vor allem Hygieneartikel wie Deoroller, Zahnpasta-Tuben oder Rasierschaumdosen werden regelrecht gefilzt. Vor allem in einem Deoroller kann man sehr schön berauschende Substanzen deponieren, da sich der Rollkopf abdrehen lässt und durch den oft milchigen Inhalt etwaig dort abgelegte Gegenstände nicht sofort sichtbar sind.

Der weitere Weg führt den Vollzugsbediensteten in Richtung Kleiderschrank des Gefangenen. In dessen zahlreichen Kleidungsstücken lassen sich Gegenstände einnähen oder in Taschen oder Futtern deponieren. Außerdem befinden sich in diesem Schrank auch Aufbewahrungsfächer für Lebensmittel, die die Gefangenen über einen reisenden Händler einmal im Monat gegen „Bares" kaufen können. Es macht sicherlich Sinn, innerhalb eines Gefängnisses ähnliche Verhältnisse zu schaffen wie draußen, aber diese Vorgehensweise sorgt auch dafür, dass Gefangene unkontrollierbar viele

Gegenstände in ihrem 8 m² kleinen Haftraum lagern und die Anzahl potenzieller Verstecke ins Bodenlose steigt. An dieser Stelle sind Bedenken der Bediensteten in Bezug auf den bedingungslosen Erhalt von Sicherheit und Ordnung mehr als angebracht. Nicht selten wird seitens der Beamten eine Einschränkung der umfangreichen Einkaufslisten und des Katalogs der für Gefangene zugelassene Gegenstände gefordert. Denn es gibt definitiv noch weitere Aufgaben, denen sich ein Vollzugsbediensteter innerhalb seines 8-Stunden-Tages widmen muss. Darauf werde ich jedoch zu einem späteren Zeitpunkt noch einmal genauer eingehen.

Auch während der Freistunden -so lautet der Fachbegriff für den unter der Bevölkerung eher bekannten „Freigang"- oder dem Aufenthalt der Gefangenen in den Arbeitsbetrieben, gibt es seitens der Vollzugsbediensteten eine unterschiedliche Interpretation von Sicherheit und Ordnung. Während die einen eine ständige und unmittelbare Beaufsichtigung praktizieren -das heißt im Klartext: kein Gefangener geht unbeaufsichtigt irgendwo hin-, ist es anderen Vollzugsbeamten wiederum mehr als egal, was die Inhaftierten tun und lassen. Allerdings kann letzteres Verhalten ungeahnte Konsequenzen nach sich ziehen, wie sich später noch herausstellen wird. Kurios an dieser Stelle ist jedoch, dass es trotz bestehender Gesetze, die auf Landesebene für alle Bediensteten im Strafvollzug gleichermaßen Anwendung finden und ein rechtssicheres Handeln gewährleisten sollen, völlig unterschiedliche Arbeitsweisen gibt und sich dem Auftrag des Strafvollzuges, nämlich die Bevölkerung vor Straftätern zu schützen, völlig widersprechen.

Kapitel 8: Schuldiger gesucht!

Immer wieder wird in der Presse sehr gern von Pannen und Missständen berichtet, die sich in den Gefängnissen regelmäßig ereignen. Die Bürger haben ein Sicherheitsbedürfnis und der Anspruch an den Vollzug ihrerseits liegt darin, dass man Kriminelle von der übrigen Bevölkerung separiert und alles dafür tut, Straftäter zu bekehren. Letzteres ist sicherlich ein utopischer Gedanke, denn im Erwachsenenvollzug, der in seinem Grundsatz ein „Behandlungsvollzug" ist, liegt die Rückfallquote der Inhaftierten bei etwa 70 Prozent. Allerdings gibt es für Erwachsene, die bereits ihr ganzes Leben in irgendeiner Form „Knasterfahrung" gesammelt haben, kaum einen Weg aus der Kriminalität heraus. Als Vierzig- oder Fünfzigjähriger legt man Charaktereigenschaften oder Gewohnheiten nicht mehr ab und daher ist es schwer, diese Art des Vollzuges so zu gestalten, dass am Ende ein völlig neuer Mensch das Gefängnis verlässt.

Anders sieht es da im Jugendstrafvollzug aus. Die jungen Menschen im Alter zwischen 14 und 24 Jahren fallen in NRW unter den Vollzug der Jugendstrafen. Als eines der wenigen Bundesländer in Deutschland führt NRW überhaupt ein Jugendstrafvollzugsgesetz, was sich in etlichen Paragraphen vom regulären Strafvollzugsgesetz unterscheidet. Allerdings sorgen diese Paragraphen dafür, dass aus dem Behandlungsvollzug ein „Erzieherischer Vollzug" wird. Junge Inhaftierte sind in vielerlei Hinsicht formbar und sollen durch ein spezielles Konzept innerhalb der Mauern aus ihren bisherigen kriminellen Kreisen herausgelöst und durch das Erlernen von Selbständigkeit, Eigenverantwortung und der Entwicklung beruflicher Perspektiven durch ein breites Ausbildungs- und Betreuungsangebot auf den richtigen Weg gebracht werden. Allgemeinverträglichkeit ist das Ziel! Die Rückfallquote liegt bei jugendlichen Inhaftierten bei nur 40 Prozent. Das jedoch ist keine Garantie dafür, dass während der Haftzeit, die sich bei Jugendlichen in der Regel zwischen 6 Monaten und zwei Jahren bewegt, alles reibungslos läuft. Gerade in den ersten Monaten der Inhaftierung eines jeden Neuzugangs sind die Vollzugsbeamten gefordert, ein hohes Augenmerk auf die Einhaltung der Gefängnisregeln und die allgemeine Sicherheit und Ordnung zu legen. Und da „liegt der Hase im Pfeffer". Gefangene haben Zeit, vor allem wenn sie noch keinen Arbeits- oder Ausbildungsplatz belegen. Und zu viel Zeit im Kontrast zu geringer Beschäftigung schafft „dumme Gedanken". So kann man sich als Inhaftierter schon mal mit dem eigenen Drang nach Freiheit auseinandersetzen. Und das kommt sicher nicht selten vor. Da es ja nun im Sinne des Vollzuges ist, dass Gefangene soziale Kontakte knüpfen und aufrechterhalten, finden sich in Form des sogenannten „Umschlusses" (gemeinschaftsfähige Gefangene, die sich zu bestimmten Zeiten untereinander in ihren Hafträumen besuchen) oder in den Freistunden schnell Gleichgesinnte. Hier tauscht man sich einerseits über Sorgen, Nöte und Erlebnisse aus. Andererseits bietet sich hier guter Nährboden für das Schmieden von Plänen. Dazu gehört beispielsweise auch ein Ausbruchsversuch.

So traf sich vor einiger Zeit eine Gruppe Gefangener zu einer Freizeitveranstaltung, die in der Anstaltskirche eines Jugend-Gefängnisses stattfand. Ein externer Pfarrer, der auf Vertrauensbasis aufgrund seiner langjährigen Tätigkeit dort Anstaltsschlüssel erhielt und sich frei im gesamten Gefängnis bewegen konnte, versammelte sich mit den zur Teilnahme berechtigten Gefangenen in den Räumlichkeiten der Kirche. Er konnte nicht wissen, dass eine kleine Gruppe von Gefangenen zuvor Ausbruchspläne geschmiedet hatte und den Pfarrer zu diesem Zweck als Geisel nehmen wollte. Immerhin hatte er einen Schlüssel und man war davon überzeugt, dass den Vollzugsbeamten das Leben des Knastpropheten so viel Wert sein würde, um den Ausbrechern die Pforten in die Freiheit zu öffnen. Bedauerlicherweise, und das ist typisch für das Klientel der Jugendstrafgefangenen, war der Plan nicht ganz ausgereift. Vielleicht basierte das Scheitern auch auf einem Kommunikationsfehler untereinander. Aber letzten Endes, als die Aktion dann endlich über die Bühne gehen und der

Pfarrer überwältigt werden sollte, bekam der ein oder andere Beteiligte plötzlich kalte Füße und wollte nicht mehr mitmachen. Aus der Aktion wurde letzten Endes nichts, weil sich die Gefangenen schließlich untereinander an den Kragen gingen und die daraufhin alarmierten Beamten die Veranstaltung ohne größere Vorkommnisse auflösten.

Im selben Gefängnis ereignete sich 2013 ein weiterer, kurioser Fall, der einerseits viele Fragen bezüglich der Dienstauffassung einiger Vollzugsbeamter aufwirft. Andererseits muss hier aber auch in Frage gestellt werden, ob der Dienstherr, sei es der Anstaltsleiter oder das Land selbst als Verantwortlicher, seinen Pflichten nachgekommen ist, um den folgenden Fall zu verhindern.

Die Inhaftierten Mehmet O. und Heinrich P. schmiedeten schon länger den Plan, aus dem Gefängnis mit der höchsten Sicherheitsstufe (!) auszubrechen. An diesem Tag saßen sie mit anderen Inhaftierten in einem Schulungsraum ihres Ausbildungsbetriebes. Die Fensterfront, die in einen kleinen, abgetrennten Innenhof nahe der

Außenmauer des Gefängnisses zeigte, war bis auf ein einziges Fester komplett vergittert. Wen wundert es also, dass es den Beiden in den Sinn kam, dieses ungesicherte Fenster aufzuhebeln und zunächst in den kleinen Innenhof zu gelangen. Gesagt-getan! Schon standen die Beiden im besagten Hof. Zu deren Rechten sicherte ein großes, verschlossenes Tor den Zugang zum Betriebshof. Zu ihrer Linken lag die Außenmauer, die zwar kameraüberwacht, aber an einer bestimmten Stelle an einem Stück von etwa drei Metern nicht mit Stacheldraht gesichert worden war. Mehmet O. und Heinrich P. mussten schnell handeln. Noch immer vom Aufsichtspersonal unbemerkt, steckten sie Stahlkrampen in das Schloss des Tores, welches zum Betriebshof führte. Des Weiteren hatten sie unbemerkt Stuhlbeine mit Bettlaken verknoten können, die sie als Wurfanker nutzten und in Windeseile in den Stacheldraht der Mauerkrone warfen. Körperlich waren die Beiden unglaublich fit und hangelten sich innerhalb von Sekunden über die Außenmauer der Vollzugsanstalt. Das ungesicherte Mauerstück konnten sie problemlos überwinden und ließen sich auch nicht vom sicher schmerzhaften Fall auf die Rasenfläche der anderen Seite an ihrer Flucht hindern. Die aufsichts-führenden Bediensteten des Arbeitsbetriebes hatten nun mittlerweile durch andere Gefangene erfahren, dass Mehmet O. und Heinrich P. die Flucht ergriffen haben. Die gesamte Anstalt wurde nach dem abrupten Beenden des wohlverdienten Frühstücks der Beamten in Alarmbereitschaft versetzt und es wurde von etlichen Kolleginnen und Kollegen eifrig Nacheile betrieben. Sehr witzig fanden die übrigen Gefangenen des betroffenen Arbeitsbetriebes sicher auch die Versuche der Bediensteten, das durch die Metallkrampen blockierte Torschloss zu öffnen… Herrlich!

Aber auch an dieser Stelle zeigt sich wieder sehr deutlich, dass jugendliche Strafgefangene zwar gute Ideen haben, aber es an der Umsetzung oftmals scheitert. Die Flüchtigen irrten recht auffällig durch die Randbezirke der mittelgroßen, ostwestfälischen Stadt, da sie ja noch immer ihre typische Häftlingskleidung trugen und gar nicht so recht wussten, welches Ziel sie nun eigentlich hatten. Das war auch der Polizeistreife nicht entgangen, die den Beiden entgegenfuhr und sie prompt einsammelte und dem Gefängnis wieder zuführte. Gute Idee, gut angefangen, gescheitert wegen Oberflächlichkeit!

Und da wären wir wieder beim Thema. Oberflächlichkeit herrschte in beiden Beispielen ohne Ende. Der Öffentlichkeit darf man das eigentlich gar nicht mitteilen. Denn die logische Reaktion der Bürger hierauf kann nur sein, dass man die Kompetenz der Vollzugsbeamten in Frage stellt. Zu Recht! Bereits bei der geplanten Geiselnahme stellt man fest, dass die Gefangenen nicht unter unmittelbarer und ständiger Aufsicht gestanden haben. Warum hat ein Externer, der weder im Umgang mit Gefangenen geschult wurde, noch eine umfassende Einweisung in die Regularien einer Vollzugsanstalt in Bezug auf die Einhaltung von Sicherheit und Ordnung erhalten hat, eigenmächtigen Zugang zu Gefangenen und sämtlichen Räumlichkeiten? Warum wurde sein Vorhaben, eine Gruppenveranstaltung durchzuführen, nicht von Bediensteten der JVA begleitet?

Auch im Rahmen der Flucht von Mehmet O. und Heinrich P. spielte die Sicherheit und Ordnung nur eine untergeordnete Rolle. In einer Vollzugsanstalt richten sich die Beamten Gewohnheiten ein, die ihnen den Alltag etwas erträglicher machen sollen. Hier war es ein gemeinsames Frühstück der Bediensteten, die an diesem Tag im Arbeitsbetrieb zugegen waren. Allerdings hatte genau das zur Folge, dass nicht genügend oder letztlich gar keine Aufsichtspersonen zugegen waren, die den Ausbruch hätten verhindern können. Hinzu kamen dann noch zwei bauliche Schwachstellen, die die Flucht begünstigt haben. Die Anstaltsleitung hat in diesem Fall natürlich nach Schuldigen gesucht und belegte die Verantwortlichen mit einem Disziplinarverfahren und einer Geldstrafe, weil sie grobe Fahrlässigkeit in der Ausübung ihrer Dienstpflicht begangen haben. Das Landesdisziplinargesetz NRW greift hier erbarmungslos. Zeitgleich schiebt der Anstaltsleiter, und auch das Land NRW, die Verantwortung von sich. Man kann sich an dieser Stelle sicher sein, dass den Hauptverantwortlichen für die baulichen Schwachstellen wie ungesichertes Fenster und fehlendem Stacheldraht keine Konsequenzen auferlegt worden sind. Im eigentlichen Sinne ist die Anstaltsleitung und auch der Baulastträger (Bau und Liegenschaftsbetrieb) für diese Dinge verantwortlich und hier muss man genau diesen Menschen, die eine Menge Geld für Ihre Verantwortung und Entscheidungen erhalten, den Ball der Dienstpflicht-Verletzung ebenso zuspielen. Bestraft wird aber wieder derjenige, der sich am wenigstens wehren kann – nämlich der „kleine" Mann.

Kapitel 9: Durchgeplant

Als Außenstehender kann man sich nur sehr schwer vorstellen, wie der Alltag in einem deutschen Jugendgefängnis aussieht. Bereits zu Beginn wurde erwähnt, dass das Justizministerium eines bestimmten Bundeslandes vorsieht, die Verhältnisse in seinen Gefängnissen den Zuständen „draußen" anzupassen. Im Grunde ist es den schlauen Köpfen, die an der Erstellung des Jugendstrafvollzugsgesetzes mitgewirkt haben, recht gut gelungen, dieses Vorhaben umzusetzen. Beispielsweise gibt es das nordrhein-westfälische Jugendstrafvollzugsgesetz erst seit 2007. Das bedeutet, dass zuvor der Jugendstrafvollzug eigentlich kein Erziehungsvollzug war, sondern ebenfalls (wie bei den Erwachsenen) ein Behandlungsvollzug. Es gab damals kaum Freizeitmöglichkeiten und keine pädagogischen Maßnahmen für eine ausgewogene Beschäftigung der jungen Gefangenen. Zudem waren auch die Jugendgefängnisse massiv überfüllt, sodass sich zeitweise vier bis fünf

Inhaftierte einen Haftraum teilen mussten. Zudem sorgten immer wieder Negativschlagzeilen wie der Foltermord von Siegburg aus dem Jahre 2006 dafür, dass der Justiz gravierende Schwachstellen in seinem Vollzugssystem aufgezeigt werden mussten. Man war also genötigt, zu reagieren und schuf mit Hilfe des Jugendstrafvollzugsgesetzes eine Vollzugsstruktur, die es heutzutage gewährleistet, den jungen Straftätern das Gefühl von Verantwortung für ihr eigenes Leben zu vermitteln. Gestützt von sozialer, pädagogischer und psychologischer Arbeit werden diese heutzutage sozusagen „rundumbetreut".

Pünktlich um 06.00 Uhr morgens ertönt seitens der Gefängniszentrale das Signal zum Aufstehen. Jeder Gefangene weiß in der Regel, dass er ab diesem Zeitpunkt fertig gekleidet zum Empfang des Frühstücks an seiner Haftraumtür zu stehen hat. Die Aufsichtsbeamten der jeweiligen Haftabteilungen, die die Verantwortung für etwa 25 Häftlinge pro Abteilung innehaben, organisieren das Heranschaffen des Frühstücks und beginnen gemeinsam mit dem sogenannten „Hausarbeiter" und seinem „Essenträger" mit der Frühstücksausgabe. Hierbei ist der Abteilungsbeamte unter anderem dafür verantwortlich, jeden Haftraum zu öffnen und mit dem Verteilen des Frühstücks eine Vollzähligkeits- und Lebendkontrolle an den Gefangenen durchzuführen. Außerdem prüft dieser vorher, ob es Inhaftierte gibt, die Medikationen zu bestimmten Tageszeiten erhalten und verabreicht diese dann auch. An dieser Stelle haben die „Knackis" die Möglichkeit, dem Bediensteten mitzuteilen, ob ein Besuch im Sanitätsdienst nötig ist oder irgendwelche anderen Besonderheiten für den Tag anstehen. Das können Besuchstermine, Betreuungs- oder Berufsberatungsgespräche sein. Für die Weitergabe und Berücksichtigung dieser Informationen sind die Häftlinge allein verantwortlich und sollen somit eine gewisse Struktur in ihren Tag bringen. Nach der Einnahme des Frühstücks bereitet sich der Großteil der Gefangenen auf ihren Arbeitseinsatz vor. Die Beamten der Gefängniszentrale organisieren den sogenannten „Arbeitsaufschluss". Zwischenzeitlich führen die Abteilungsbeamten das sogenannte „Meldebuch". Hier wird der Gefangenenbestand vom Vorabend abgeglichen und sollte am besten keine Differenz vorweisen. Nach und nach werden die verschiedenen Betriebe über die Sprechanlage aufgerufen, deren Lehrmeister (die zu 95 % auch Vollzugsbeamte, jedoch im Werkdienst beschäftigt sind) bereits auf dem „Spiegel" des Gefängnisses versammelt sind. Als Spiegel bezeichnet man den Bereich an der Gefängniszentrale, wo alle Haftflügel mittig zusammenlaufen. Hier versammeln sich in der Regel alle Gefangenen zu jeglichen Aktivitäten des Tages. Die Abteilungsbediensteten lassen die Arbeiter etappenweise aus ihren Hafträumen und beaufsichtigen deren Weg zu den Meistern ihres jeweiligen Betriebes. Sie übergeben die Gefangenen also an die Kollegen des Werkdienstes, die ab diesem Zeitpunkt für die Probanden verantwortlich sind. Die Gefangenen haben übrigens die Aufgabe, vorschriftsmäßige Arbeitskleidung zu tragen. Blaues T-Shirt unter blauem Pullover, Arbeitshose, Arbeitsschuhe, Mütze. Eigentlich leicht zu merken. Aber das fängt das Elend oftmals schon an. Nicht selten schickt der Betriebsverantwortliche seine Schützlinge vor dem Abrücken in den Betrieb wieder auf die Haftabteilung, damit diese sich erstmal richtig anziehen. Keine Turnschuhe, keine Jeans und bis auf das eigene Frühstück werden auch keine weiteren Gegenstände mit in den Arbeitsbetrieb genommen. Naja. An dieser Stelle hat auch ehrlicherweise schon der Abteilungsbeamte geschlafen, der in der Regel auf korrekte Kleidung und mitgeführte Gegenstände der Gefangenen achten soll. Nach dem zweiten Versuch klappt es meistens und es ist doch toll zu wissen, dass sich auch der verantwortliche Abteilungsbeamte vor seinen Werkdienstkollegen, die noch immer auf dem Spiegel warten, gerade zum Affen gemacht hat.

Wie dem auch sei. Gegen 06.50 Uhr sind eigentlich alle Arbeiter und Azubis abgerückt und es wird recht still in den Hafthäusern. Der Jugendstrafvollzug sieht es vor, dass der Großteil seiner Gefangenen zur Arbeit verpflichtet wird. Damit wird der wichtigste Grundstein gelegt, um die Chancen einer erneuten Straffälligkeit erheblich zu minimieren.

So ein Arbeitstag zieht sich von 07.00 bis 15.30 Uhr hin. In dieser Zeit sind die Gefangenen mehr oder weniger beschäftigt. Die Haftanstalt hat nicht nur Ihren speziellen Auftrag der Resozialisierung zu erfüllen, sondern verfolgt auch ein wirtschaftliches Interesse. Das bedeutet, dass innerhalb der Gefängnismauern auch Dienstleistungen angeboten und Produkte hergestellt werden. Ziel ist also, sich am Ende selbst mit zu tragen. Allerdings sind die Einnahmen seitens der JVA durch den Verkauf ihrer Produkte und Dienstleistungen sehr weit von einer annähernden Kostendeckung entfernt. Um einmal ein Gefühl dafür zu vermitteln, was ein Haftplatz für durchschnittlich zwei Jahre Unterbringung an Steuergeldern verschlingt: Pro Tag geht man pro Häftling von etwa 130 Euro Haftkosten aus. Unsere Beispiel-JVA aus Ostwestfalen hat derzeit eine etwaige Belegung von 270 Gefangenen. Pro Tag schlagen hier also € 35.100,00 Haftkosten zu Buche. Multipliziert man diesen Betrag mit 730 Tagen (ein Haftplatz wird pro Häftling im Jugendstrafvollzug durchschnittlich zwei

Jahre belegt), macht das unter dem Strich ein stolzes Sümmchen von 25.623.000,00 Euro in zwei Jahren. Pro Häftling wären das 94.900,00 Euro. Die JVA schafft es definitiv nicht, diese Summe in Eigenleistung aufzubringen, also wird die Differenz, die schätzungsweise 85 % der Gesamtkosten ausmacht, vom Steuerzahler finanziert. Dafür darf dieser dann aber auh verlangen, dass das Resozialisierungsprojekt „Jugendstrafvollzug" auch funktioniert.

Nachdem wir nun kurz einen Zahlenexkurs betrieben haben, kommen wir wieder auf unser ursprüngliches Thema zurück.

Die Gefangenen gehen also ihrer Arbeit nach und lassen sich unter anderem durch ihre Lehrmeister auf den richtigen Weg zurückbringen. Aber es geht ja nun auch nicht jeder Gefangene arbeiten oder macht eine Ausbildung. Oftmals betrifft das junge Menschen, deren Haft erst kürzlich begonnen hat. Entweder sind diese in der Warteschleife für eine Ausbildung oder Arbeitsstelle (sogenannte U3-Häftlinge, diese Bezeichnung wird für unverschuldet

Unbeschäftigte verwendet), oder sind aufgrund krummer Dinger, die sie im Gefängnis gedreht haben, aus ihrem ursprünglichen Betrieb entlassen worden (U4-Häftlinge, verschuldet ohne Beschäftigung). Diese Häftlinge haben die doppelte Arschkarte gezogen, denn denen werden die Haftkosten in voller Höhe für den Zeitraum ihrer Nichtbeschäftigung berechnet. Das kann schon mal zwischen vier und sechs Wochen dauern und schlägt für den Häftling mit ca. 3900 bis 5500 Euro zu Buche. Wenn man allerdings realistisch in dieser Situation bleibt, weiß auch die Justiz, dass sie definitiv nicht an das Geld kommen wird. Denn die meisten jungen Gefangenen haben auch noch Jahre nach ihrer Entlassung aus dem Vollzug einfach Nichts!

Die unbeschäftigten Häftlinge verbringen, bis auf eine Stunde täglich, 23 Stunden auf ihrem Haftraum. Zwar kann man sich die Zeit mit Lesen oder Fernsehen vertreiben, jedoch wird auch das schnell langweilig. Das bringt einen natürlich auch schon wieder auf dumme Gedanken. Gerade bei diesen Insassen liegt das Augenmerk auf besonders gründlichen Haftraumkontrollen, da diese Jungs auch schon mal gern Handel mit verbotenen Gegenständen treiben oder mit Fluchtgedanken beschäftigt sind. Manchmal entwickeln sie auch einfach nur Hass auf bestimmte Bedienstete, die einem aufgrund ihrer Pflicht, Regeln durchzusetzen, das Leben hinter Gittern wahnsinnig schwermachen können. Mit einem kleinen Stichwerkzeug, was man sich aus seinem Kaffeelöffel schleift oder vom befreundeten Metallbauer schleifen lässt, hätte man die Möglichkeit, sich selbst und seiner aus Langeweile entstandenen Unzufriedenheit endlich Genüge zu tun und diesen dem Beamten beim nächsten Öffnen der Haftraumtür genüsslich in den Hals zu rammen.

Als Bediensteter im Vollzugsdienst einer JVA muss man stets mit allem rechnen und sämtliche Sicherheitsvorkehrungen treffen, um nicht schnell selbst zum Opfer zu werden. Wenn also im Laufe des Vormittags die Haftraumkontrollen durchgeführt werden, und sich noch Gefangene in ihren Zellen befinden, werden diese natürlich nicht bei der Kontrolle dabei sein. Nach einer körperlichen Durchsuchung wird der

Häftling, dessen Haftraum nun an der Reihe ist, in einen separaten Raum unter Verschluss gebracht. Somit konnte schon einmal sichergestellt werden, dass der Betroffene keine Gegenstände mit sich führt. Dann wird die Kontrolle, wie zu Anfang beschrieben, durchgeführt. Bei den U4-Häftlingen, aber auch bei den Hausarbeitern (die ein besonderes Vertrauen der Bediensteten genießen, jedoch hierdurch aber auch an eine Vielzahl von Dingen herankommen, die sie eigentlich nicht auf ihren Haträumen haben dürften) ist es wichtig, wirklich Alles im Haftraum unter die Lupe zu nehmen. Nicht selten werden hier Drogen, Handys oder Bargeld sichergestellt. Auch selbstgebaute Waffen gewinnen immer mehr an Bedeutung.

Während der Mittagszeit werden die auf den Haträumen verbleibenden Gefangenen auch dort verpflegt. Die Bediensteten verschaffen sich im Laufe des Vormittags einen Überblick darüber, welcher Inhaftierte sich noch auf der Abteilung befindet und bestellt hiernach Essen in der Anstaltsküche, welches kurz vor Mittag dort zur Abholung bereitgestellt wird. Die übrigen, berufstätigen Gefangenen nehmen ihre Mahlzeiten in der Betriebsmensa ein, wo sie laufend unter der Beobachtung von mehreren Bediensteten stehen. Nach der Mittagspause nehmen sie ihre Arbeit in den Betrieben wieder auf und verbleiben dort bis 15.30 Uhr. Danach werden die Gefangenen wieder in die Hafthäuser verteilt. Während im Laufe des Vormittags bereits eine Freistunde für die Unbeschäftigten stattgefunden hat, findet natürlich gerechterweise am Nachmittag auch eine Freistunde für die Arbeitswütigen statt. Ansonsten gestaltet sich der Nachmittag für die Häftlinge mit Hilfe von Sportgruppen, Bewerbertrainings und Betreuungsgesprächen. Auch Gottesdienste und Literaturgruppen gehören zum Pädagogikprogramm dieser Vollzugsanstalt und werden gerne zum Zeitvertreib angenommen. Abends findet dann noch der sogenannte „Umschluss" statt, der eingangs ja bereits definiert wurde.

Im groben kann man also schon sagen, dass der Alltag eines jugendlichen Strafgefangenen längst nicht mehr so trist aussieht wie noch vor 10 Jahren. Man feilt auch immer noch an einem ausgewogenen Freizeitprogramm, welches sich jedoch in den verschiedenen Haftbereichen nochmal unterscheiden kann. Dies gilt besonders für den Bereich der Sozialtherapie. Den Insassen aus diesem Bereich der JVA wird die besondere Ehre zu Teil, anders als die übrigen Häftlinge behandelt zu werden. Man kann hier schon von einer Zwei-Klassen-Gesellschaft sprechen, da das Freizeitprogramm der Mörder, Sexualstraftäter und Kinderschänder schon um Klassen höher angesiedelt ist. Auch der Bewegungsfreiraum dieser Gefangenen ist hier wesentlich größer...

Kapitel 10: Sozialtherapie als Paradoxon des Vollzugs

Es war eine laue Sommernacht im Jahr 2007. Eine gut besuchte Party in der Nähe von Coesfeld sorgte für ein buntes Beleben des sonst so ruhigen, idyllischen Münsterlandes bis in die frühen Morgenstunden. Gut 100 junge Menschen zwischen 18 und 25 Jahren ließen den Alkohol in all seinen Variationen nur so fließen und bewegten sich mit steigendem Pegel immer lasziver und freizügiger zu den teils harten Rhythmen der aktuellen Chartmusik. Einige konnten nicht mehr geradeaus laufen, andere hingegen schafften es nicht mehr, sich gegen aufdringliche, sexhungrige Teenager zu wehren um dann schließlich paarweise in irgendwelchen dunklen Ecken und Winkeln zu verschwinden. Die Luft wurde mit Spaß, prickelnder Erotik und Unbeschwertheit vom jungen Volk belebt und im Grunde lief die Veranstaltung ohne größere Zwischenfälle ab. Zwar pöbelte man sich zwischenzeitlich aufgrund des übermäßigen

Alkoholgenusses auch mal an, während der ein oder andere sich möglicherweise auftretenden Stress mit seinen Feiergenossen einfach wegkiffte.

An diesem Abend wurde die Veranstaltung jedoch auch von Gästen heimgesucht, mit denen man eigentlich nicht so gern feiert. Zumindest musste man im Hinterkopf haben, dass diese Menschen immer und überall auf der Suche nach Ärger waren. So auch an diesem Abend. Max F., ein gut zwei Meter großer Glatzkopf mit zahlreichen Tattoos an seinen durchtrainierten Armen, einem extrem markanten aber auch zugleich abgrundtief hässlichem Gesicht, war bekannt für Gewalt- und Drogeneskapaden. Auch dem Alkohol war er nicht abgeneigt-ein gravierendes Problem auch in seiner Familie, was er schon als Kind ständig in Form von körperlicher Gewalt durch seinen Vater zu spüren bekam. Max wurde davon geprägt und sah bisher keinen anderen Ausweg, sich stets unter Gewaltanwendung durchzusetzen zu müssen. Sozialstunden und Arreste waren das bisherige Resultat seines oft brutalen Verhaltens gegenüber seinen

Mitmenschen. Aber das sollte noch nicht die Spitze des Eisberges gewesen sein. In dieser Nacht sollte es ein weiteres Opfer für Ihn geben, an dem er seine Macht auf brutalste Art und Weise demonstrieren konnte.

Die 18jährige Larissa M., die an diesem Abend ebenso wie viele ihrer Freunde, ausgelassen und sorglos am Stadtrand von Coesfeld feierte, bemerkte im Laufe des Abends, dass Max F. immer wieder in ihrer Nähe auftauchte, egal wo sie sich gerade aufhielt. Anfangs wich sie seinen fast penetranten Blicken aus und bemühte sich, des Öfteren den Standort zu wechseln. Während Larissa sich zwischenzeitlich mit vielen ihrer Freunde unterhielt und nebenbei gemütlich den ein oder anderen alkoholischen Drink konsumierte, bemerkte sie nur noch beiläufig, dass Max sie immer weiter beobachtete. Seine Blicke wurden zunehmend finsterer und er schien sie gar nicht mehr loszulassen. Seine Blicke wanderten ununterbrochen über ihren äußerst attraktiven Körper und anhand seiner Gesichtszüge konnte man sich sehr gut vorstellen, was sich gerade in dem Kopf von Max F. abspielte. Er zog

Larissa mit seinen Blicken förmlich aus. Ihr schulterlanges, braunes Haar wehte leicht im seichten Sommerwind. Jede ihrer Bewegungen wirkte so weich und anmutig. Das enge, rosafarbene Top betonte nicht nur ihre festen Brüste, die anscheinend heute Abend nicht mit einem BH umschlossen waren, sondern auch ihren schönen, flachen Bauch. Die hautenge Hüft-Hose aus Jeansstoff betonte ihren wohlgeformten Hintern ebenso wie Larissas sportliche Beine. Für junge Männer wie Max sind solche Vorstellungen, gerade wenn Alkohol oder andere berauschende Substanzen im Spiel sind, sicher keine Seltenheit und auch erst einmal nichts Schlimmes. Sicher werden auch andere Jungen, vielleicht auch Mädchen, Larissa an diesem Abend so wahrgenommen haben. Jedoch sollte das bei Max anders sein. Die Pläne in den Wirren und Windungen seines Hirns gingen schon deutlich weiter. In erotischer Hinsicht war er deutlich angespitzt von Larissa, die sich zwischenzeitlich immer wieder bemühte, sich den lüsternen Blicken von Max zu entziehen. Aber der junge Mann mit der schon fast unheimlichen, tiefen Stimme gab nicht auf. Er stellte Larissa mittlerweile nach, zugleich sie sich allmählich belästigt fühlte. Immer wieder wechselte sie ihren Standort und begann manchmal schon belanglose Gespräche mit Partygästen, die sie gar nicht kannte. Nur um Max aus dem Weg gehen zu können und stets den Eindruck zu vermitteln, in Gesellschaft zu sein. Gegen 01.00 Uhr verlor sie Max dann endlich aus den Augen. Vermutlich hatte er endlich aufgegeben, sich an Larissa heranmachen zu wollen. Nachdem sie ihren Drink ausgetrunken hatte, verspürte sie das Bedürfnis, austreten zu müssen. Das Partyzelt, das die Teilnehmer aus eigenen Mitteln organisierten und auf dem Feld eines ortsansässigen Bauern traditionsgemäß aufstellen durften, lag an einer Bahntrasse. Der Bauernhof des Eigentümers lag einige hundert Meter vom Veranstaltungsort entfernt und somit musste die etwa 100 Meter vom Zelt entfernte Hecke als Toilette dienen. Larissa ging zügig in diese Richtung, da es schon sehr drückte. Sie wollte allerdings auch nicht so weit ins Abseits gehen, während sie unter der Dauerbeobachtung von Max F. stand. Der Typ versprühte etwas sehr

Unheimliches. Vielleicht Sadismus? Pure Gewalt? Oder einfach nur ein weiterer Hirnverbrannter, der sein Leben nicht in den Griff bekommt? Larissa kannte Max nur flüchtig. Sie konnte sich daran erinnern, dass er ihr früher in der Schule -er besuchte dieselbe Schule wie sie, nur zwei Klassen höher- auch ab und an mal nachgestellt hatte. Zeitweise steckte er Larissa auch Liebesbriefe zu, die sie allerdings nie wirklich beeindruckt hatten. Max war zwar freundlich, aber eben nicht ihr Typ. Sie konnte sich eigentlich nichts Abartigeres vorstellen, als ihn zu berühren oder geschweige denn, mit ihm im Bett zu landen.

Larissa erreichte im Stockdunkeln die lang ersehnte Hecke. Der Ackerboden war größtenteils trocken und glich momentan eher einer brachliegenden Wiese. Durch den Alkohol, den auch sie schon seit Stunden ununterbrochen getrunken hatte, fühlte sie sich unbeobachtet, war aber noch so bei Sinnen, dass sie sich durchweg unter Kontrolle hatte. Bevor sie sich an der Hecke hinhockte, um zu pinkeln, öffnete Larissa die Bundknöpfe an ihrer Jeans und zog die Hose samt Slip in einem Zug herunter. Nur ein Bruchteil der Festbeleuchtung kam an dieser Stelle des Feldes noch an und niemand sollte sie bei der Verrichtung ihrer Notdurft sehen können. Während Larissa es laufen ließ, flog sie plötzlich in die vor ihr liegende Hecke. Lange Dornen bohrten sich in die Haut ihres Gesichtes, ihrer Arme und ihre zur Hälfte entblößten Oberschenkel. Durch die heruntergezogene Hose konnte sie sich kaum bewegen und verspürte einen stechenden Schmerz in ihrer rechten Seite. Sie wurde offenbar mit großer Wucht getreten und lag nun wie eine Schildkröte auf dem Rücken fast bewegungsunfähig in dieser verfluchten Hecke. Ein hünenhafter Typ packte Larissa plötzlich mit seinen kräftigen, tätowierten Armen an ihren Haaren und zog sie zügig aus dem Gebüsch. Blutige Striemen verliefen nun über ihr hübsches Gesicht, welches nun von mehreren Faustschlägen heimgesucht wurde. Die Haut unter dem rechten Jochbein war nun ebenso aufgeplatzt wie Larissas Unterlippe. Immer mehr Blut kroch aus den frischen Platzwunden. Larissa begann vor Schmerzen zu weinen und fühlte sich ziemlich benommen. Der

Versuch, zu schreien, wurde von dem Hünen, dessen Gesicht Larissa in dem Moment durch die Dunkelheit nicht erkennen konnte, durch das feste Aufdrücken seiner Hand auf ihren blutenden Mund sofort unterbunden. Sie wusste nicht, wie ihr geschah. Sie schnappte panisch nach Luft, während ihr Herz nicht aufhörte zu rasen. Aber sie konnte sich in etwa denken, was nun geschehen sollte. Der Hüne ließ kurz von ihr ab, sagte jedoch kein Wort. Er wusste, dass er weit genug von der feiernden Meute entfernt war und es gar nicht nötig war, sein Opfer am Schreien zu hindern. Er holte eine Schachtel Zigaretten aus seiner Hosentasche und steckte sich eine Kippe an. Im Schein der Feuerzeugflamme erkannte Larissa verschwommen das Gesicht ihres Angreifers. Es war definitiv Max F., der nun nicht mehr Larissas Blicke suchte, sondern sich mit finsterer Miene und einem mehr als gehässigen, miesen Grinsen auf ihren Körper fixierte. Sie hockte schmerzgeplagt mit runtergezogener Hose vor ihrem Peiniger und vermochte sich kaum zu bewegen. Sie spürte, wie warmes Blut über ihre Wange und ihr Kinn lief und versuchte, ihre Angst zu verbergen. Das gelang ihr allerdings nur schlecht, was Max dazu veranlasste, seine Qualen an Larissa fortzusetzen. Er nahm seine nicht ganz zur Hälfte aufgerauchte Zigarette und ließ sie langsam in Richtung ihres Gesichtes wandern. Schon fast mit einer befriedigten Mimik drückte er die Glut in Larissas ohnehin schon extrem schmerzender Jochbeinwunde fast in Zeitlupe hin und herdrehend aus. Die junge Frau schrie vor Schmerzen und sackte ein Stück weit in sich zusammen. Sie versuchte, sich aus seinem harten Griff in ihrem Nacken herauszuwinden, was Max jedoch nicht zulassen konnte. Diesmal versetzte er ihr einen heftigen Tritt in ihre linke Seite, wobei sie definitiv innerlich einen Rippenbruch verspürte. Larissas Schreie wurden wieder von seiner kräftigen Hand unterdrückt und wurden sicherlich von niemandem in der weiten Flur wahrgenommen. Und genau das verschaffte Max den Spielraum den er brauchte, um seinen ungezügelten Sadismus an dem Mädchen weiter ausüben zu können. Mit einem kräftigen Ruck riss er ihr das enge Top vom Leib und quetschte unter heftigem Druck seiner Hände ihre festen Brüste. Larissa wollte sich wehren, erhielt jedoch hierauf wieder einen Schlag ins Gesicht und ließ von ihrem Vorhaben ab. Zwischenzeitlich öffnete Max seine Hose, zog seine Boxershorts beiseite und hielt Larissa seinen mittlerweile steifen Penis entgegen. Noch ehe sie überhaupt reagieren konnte, zog Max ihr Gesicht auf seine Körpermitte zu und drückte ihren Kopf mit heftigem Druck auf sein erigiertes Glied. Larissa öffnete ihren Mund und ergab sich dem Zwang, ihn oral zu befriedigen. Sie verspürte abgrundtiefen Ekel und wäre am liebsten in diesem Moment gestorben. Sie wurde von einem heftigen Würgereiz übermannt und hatte das Gefühl, sich übergeben zu müssen. „Wehe, Du kotzt jetzt", schrie Max ihr entgegen. „Ich prügel Dir die Seele aus dem Leib bevor ich Dich in all Deine Löcher ficke, Du blöde Schlampe", setzte er bedrohlich und völlig außer sich nach. Larissa wagte es nicht, sich zu übergeben oder sich zu widersetzen. Nach ein paar Minuten, nachdem Max in ihre Mundhöhle ejakulierte und sie dazu zwang, sein Sperma runterzuschlucken, ließ er wieder kurz von ihr ab. Er schubste Larissa zu Boden, die mittlerweile am ganzen Körper nur noch zitterte. Ihr bisheriges Weinen steigerte sich in regelrechte Heulkrämpfe, die sie nicht mehr kontrollieren konnte. Das schien Max in seinem Sadismus nur noch weiter zu treiben. Er zog Larissa Hose und Slip von ihren Beinen, bis sie komplett nackt vor ihm lag. Kraftvoll zog er sie an sich heran und spreizte ihre Beine, bevor er zunächst drei seiner Finger der rechten Hand in Larissas Vagina steckte. Er fügte ihr durch die heftigen, ruckartigen Vor- und Zurückbewegungen seiner Hand bittere Schmerzen zu, und das noch mehr, als er sich veranlasst fühlte, auch die restlichen Finger und schließlich die ganze Hand in ihr verschwinden zu lassen. Larissa wand sich vor Schmerzen und dem widerlichen Gedanken, dieser Bestie schutzlos ausgeliefert zu sein. Natürlich war es nur eine Frage von Minuten, bis Max sie auf offenem Feld vaginal und auch anal mehrfach penetrierte. Larissa schwanden die Kräfte. Die Vergewaltigung als solches nahm sie kaum noch wahr. Ihr ganzer Körper fühlte sich taub und leer an, auch die Schmerzen verschwanden größtenteils in einem Gefühl von Schockstarre und angrenzender Ohnmacht. Larissa bemerkte, wie bereits Blut aus ihrer Scheide lief, was Max jedoch nicht zu stören schien. Er ließ wiederum kurz von ihr ab und bereitete sich auf sein nächstes und finales Spiel mit der mittlerweile schwer verletzten Frau vor. Larissa lag vor Max auf dem Boden und wagte kaum noch, sich zu rühren. Sie hatte keine Angst mehr davor, dass er weitermachen würde, sondern eher davor, dass sie bewusstlos werden würde und dann nicht mehr mitbekommt, was mit ihr geschieht. Der schlimmste Teil sollte ihr jedoch noch bevorstehen. Max forderte sie auf, aufzustehen. Sie kam seiner Aufforderung im einem Trauma-artigen Zustand nach und erhob sich unter quälenden, brennenden Schmerzen, die sich überall an ihrem ganzen Körper bemerkbar machten. Ihre Beine zitterten und konnten Larissa kaum tragen. Das Luftholen fiel ihr aufgrund des Rippenbruchs mehr als schwer und sie begann bereits, mit Bewusstlosigkeit zu kämpfen. Das, was Max nun von ihr verlangte, würde ihr alles Erdenkliche abverlangen und sie endgültig zusammenbrechen lassen. „Lauf!“, schrie er sie an. Wohin Larissa laufen sollte, war ich bis dahin noch nicht klar, aber sie begann, zu laufen. Kniehohes Gras peitschte über ihre nackten Schienbeine während sie all ihre Kräfte mobilisierte, um ihrem Peiniger vielleicht doch noch entfliehen zu können. Es war eine vage Hoffnung auf eine minimale Chance zum Überleben. Mühsam quälte sie sich über das im kompletten Dunkel der Nacht gelegene Feld. Der beleuchtete Festplatz rückte in weite Ferne, die Musik konnte Larissa schon gar nicht mehr wahrnehmen. Plötzlich knickte sie auf dem unebenen Acker um und stürzte hart auf den trockenen Boden. Schmerzerfüllt versuchte sie, sich aufzurichten. Jedoch schwanden ihr die Kräfte so schnell, dass sie völlig außer Atem auf dem Boden liegen blieb. Sie schmeckte Blut und trockenen Staub, während sie vor Schmerzen aufstöhnte. Es wurde allmählich kälter und ihr nackter, geschundener Körper konnte sich kaum noch mobilisieren. Larissa blickte langsam hinter sich und konnte nicht erkennen, ob sich Max in der Nähe befand. Doch dann hörte sie plötzlich ein schnelles, lautes Stapfen. Schritte, die sich im Eiltempo auf sie zu bewegten. Sie wusste nun, was er vorhatte. Max wollte Jagd auf einen hilflosen Menschen machen. Das war ihm bisher gelungen und er hatte sein Opfer durch seine sadistischen Handlungen so sehr geschwächt, dass die Jagd nun sein jähes Ende nehmen sollte. Larissa schleppte sich auf die unmittelbar vor ihr liegende Bahntrasse. Max hatte sie gerade in diesem Moment eingeholt und versetzte ihr einen gewaltigen Hieb in den blanken Rücken. Durch die Wucht prallte Larissa mit dem Kopf in das steinige Gleisbett und blieb, kurzfristig benommen, liegen. Wie in einem Gefühl, etwas aus weiter Ferne wahrzunehmen, bemerkte sie, wie Max mit seinen Armen ihre Hüfte fest umschlang, ihren Unterkörper auf ihre angewinkelten Knie aufstellte und hemmungslos mit heftigen Stößen von hinten in sie eindrang. Die junge Frau hatte nicht mehr die Kraft zu schreien oder sich zu wehren. Er drückte sie mit einem Arm zusätzlich auf das spitze Geröll, welches das Gleisbett formte, sodass sich die Steine in ihren Hals und Brustbereich bohrten. Durch ihr wahnwitziges Martyrium machte der Kreislauf schlapp und sie begann, sich zu übergeben. Max ließ von ihr ab und kündigte Larissa gegenüber an, ihr nun den Rest zu geben. Wieder schrie er sie an, dass sie laufen solle. Aber sie konnte nicht mehr laufen. Ihr Unterleib schmerzte wie die Hölle, in den Beinen hatte sie kaum noch Gefühl. Max hob derweil einen langen Weidenstock, der auf dem Gleisbett lag, auf und versetzte Larissa mehrere Schläge auf ihren nackten Hintern und ihren Rücken. Von den zusätzlichen Schmerzen angetrieben, bäumte sie sich noch ein letztes Mal auf und lief los. Max eilte mit dem Stock hinter ihr her und schlug immer wieder auf sie ein. Wie ein Stück Vieh trieb er Larissa über das Feld. Ihr Körper war mittlerweile übersät von dunkelroten Striemen und zahlreichen Schürfwunden. Aus ihrer Scheide rann durch innere Verletzungen das Blut nur so heraus und suchte sich über ihre Schenkel den Weg nach unten. Max ließ nicht von ihr ab und trieb sie auf einen Weidezaun aus Stacheldraht zu. Larissa hatte diesen aufgrund der Dunkelheit und ihres jetzigen Zustandes nicht sehen können und fiel letztlich kopfüber in ihn hinein. Die meist rostigen Stacheln zerfetzten ihr Fleisch regelrecht an zahlreichen Stellen ihres Körpers. Sie hatte sich mehr als unglücklich darin verfangen und war zu schwach, um den Weg wieder herauszufinden. Max machte nun vor ihrem schlaffen Körper halt und betrachtete genüsslich sein geschaffenes Werk. Larissa verlor nun endgültig das Bewusstsein, ihr lebloser Körper rutschte durch den Stacheldrahtzaun und blieb auf der anderen Seite der Wiese regungslos liegen. Die Verletzungen, die dabei zusätzlich entstanden, waren eher harmlos zu denen, die sie bereits erlitten hatte. Max verschwand hingegen in einem angrenzenden Waldstück, während Larissa, bis sie von ein paar Abtrünnigen der Feier in den frühen Morgenstunden gefunden wurde, mit dem Tod rang. Glücklicherweise hat sie überlebt. Aber den unnötigen Preis, den sie in dieser Nacht zahlen musste, wird niemals irgendjemand an irgendeiner Stelle in ihrem Leben wieder ersetzen können.

Max F. wurde kurzerhand gefasst und für sein sadistisches Verbrechen zu einer langen Haftstrafe verurteilt. Er ist nebenher ein typischer Kandidat für die sozialtherapeutische Abteilung eines

Gefängnisses. Die Art und Schwere seines Verbrechens haben ihn sozusagen dafür qualifiziert. Die Sozialtherapie hat den Auftrag, „sozialunverträgliche" Gefangene wieder in die Spur zu bringen, sodass sie nach Verbüßen ihrer Haftstrafe wieder auf die Menschheit losgelassen werden können. Das ist oftmals ein langwieriger, wenn nicht sogar unmöglicher Prozess, da die Inhaftierten aus dermaßen verkorksten Familienverhältnissen stammen, sodass eine Garantie für ein straffreies Leben nach der Haft kaum möglich ist. Junge Menschen wie Max F. sind seit je her von ihren Eltern misshandelt, missbraucht und unter ständigem Gewalteinfluss behandelt worden. Die zahlreichen Informationen, die bei der Inhaftierung und der Erstellung eines sogenannten individuellen Vollzugsplanes über den Gefangenen gesammelt werden, spiegeln sein Leben in oftmals grausamen Details wieder und als betreuender Vollzugsbeamter werden einem spätestens an dieser Stelle so einige, bisherige Ungereimtheiten klar.

Wie soll ein junger Mensch mit seinen Mitmenschen vernünftig umgehen, wenn er es selbst nie gelernt hat?

Die Sozialtherapie ist also im Grunde das Herzstück des Jugendstrafvollzuges, denn der Gesetzgeber setzt das Ziel des Vollzuges in den Bereich der Resozialisierung. Unter den Bediensteten steht dieser Haftbereich oftmals hart in der Kritik. Alle Gefangenen, die im Laufe ihrer Haftzeit einen Platz in der Sozialtherapeutischen Abteilung (kurz: SothA) erhalten, haben richtig was auf dem „Kerbholz". Mörder, Vergewaltiger oder Kinderschänder – hier ist alles, was in der Vergangenheit die Aufmerksamkeit der Öffentlichkeit durch haufenweise Presseberichterstattung auf sich gezogen hat, vertreten. Der eine hat seinen Vater mit 25 Messerstichen erlegt, der andere seine verschmähte Liebe hinterrücks erdolcht. Noch ein anderer wusste mal wieder nichts mit sich anzufangen und verging sich an seiner 12jährigen Cousine. Und das nicht nur einmal. Die verantwortlichen Bediensteten der SothA nehmen ihre Probanden nach einem bestimmten

Muster auf. Zuerst einmal prüft ein Psychologe die Grundeinstellung des Gefangenen. Er muss bereit sein, sein Verbrechen samt seiner Vergangenheit aufzuarbeiten. Das darf man sich nicht nur aus Sicht des Psychologen oder der an der künftigen Behandlung beteiligten Sozialarbeiter zu einfach vorstellen. Auch der Inhaftierte wird anfänglich Probleme haben, ein Kapitel seines Lebens wieder zu öffnen, was er lieber gerne für alle Ewigkeiten verschlossen halten möchte. Es gibt Fälle, in denen die Häftlinge genau über das relevante Kapitel nicht mehr sprechen wollen und somit bleibt eine wenigstens teilweise erfolgversprechende Behandlung aus. Bei fehlender Kooperationsbereitschaft findet auch für einen brutalen Mörder keine Therapie statt! So beispielsweise auch bei Florian K., der seit 2012 wegen brutalen Mordes an seiner Vermieterin in der Strafhaft sitzt. Er ist ein cleverer, junger Mann und bestreitet anscheinend bis heute, dass er die Bluttat begangen hat. Die Spurensicherung hat aufgrund des sichergestellten Genmaterials und der Rekonstruktion des Vorfalls eindeutig seine Schuld bewiesen. Es wurde das Höchstmaß nach dem Jugendstrafrecht verhängt, der junge Mann nimmt ein breitgefächertes Freizeitprogramm wahr, damit ihm im Knast nicht langweilig wird und er zeigt keinerlei Einsicht und Aufarbeitungswillen zu dem, was in seiner Vergangenheit geschehen ist und damit auch immer ein Kapitel seines Lebens bleiben wird. Daher erhält er keinen Therapieplatz. Allein seine Vorgeschichte, nämlich dass er bis zum Zeitpunkt der Tat ein total unbeschriebenes Blatt war, zeigt deutlich, dass eine Therapie -egal in welcher Form- zwingend nötig ist. Florian K. gehört zu den tickenden Zeitbomben, die ohne entsprechende Behandlung eigentlich nicht mehr auf die Menschheit losgelassen werden können. Irgendwann hat er seine Strafe abgesessen. Und was passiert dann? Wie lange wird es dauern, bis sich ein solcher Vorfall wederholt? Florian hat kein Verbrechen aus dem Affekt heraus begangen. Das ist bei mehreren Dutzend Messerstichen, die er seinem Opfer zugesetzt hat, recht unwahrscheinlich. Was hat ihn dazu veranlasst, von jetzt auf gleich einen Menschen auf brutalste Art und Weise abzuschlachten? Auch wenn er bei seiner Vernehmung durch die Kripo damals auf die Frage, warum er seine Tat begangen habe, geantwortet hat, dass er einmal einen Menschen sterben sehen wollte, lassen sich die tatsächlichen Beweggründe bis heute nicht abschließen feststellen. Denn wenn der junge Mann sich nicht mit seiner Tat auseinandersetzt oder auseinandersetzen will, fehlt jeglicher Therapieansatz und das Ziel des Vollzuges wird bei diesem Menschen nicht erreicht werden. Dem Anspruch der übrigen Bevölkerung wird nicht genüge getan und solange für Extremstraftäter keine Pflichttherapie eingeführt wird, wird der Bereich der SothA auch niemals in vollem Umfang seinen Zweck erfüllen. Hinzu kommen dann noch die Behandlungs- und Freizeitmaßnahmen, die weitaus komfortabler eingerichtet sind als die der übrigen Strafgefangenen. Seitens der Bediensteten wird immer wieder die Forderung gegenüber der Anstaltsleitung laut, die sozialtherapeutische Abteilung komplett auszugliedern und örtlich umzusiedeln. Damit würde man wenigstens verhindern, dass die Gefangenen (so viel dazu, dass alle Menschen vor dem Gesetz gleich sind) nicht das Gefühl bekommen, eine Zwei-Klassen-Gesellschaft im Gefängnis zu betreiben. Auch die übrigen, nicht von der SothA betroffenen Häftlinge, fragen sich, warum ihre „Kollegahs" trotz Mord, Vergewaltigung und Kinderschändens bevorzugter und besser behandelt werden als der Rest. Die Vollzugsbediensteten sind diejenigen, die sich mit diesen Fragen und der damit verbundenen Unzufriedenheit auseinandersetzen müssen-am wenigsten tut das die eigentlich verantwortliche Anstaltsleitung und gibt den Beamten auch nur wenig Rückendeckung.

Während zum Beispiel das Freizeitprogramm für den Großteil der Gefangenen im Groben aus Freistunden und einigen wenigen Gemeinschafts-Sportgruppen besteht, geht man mit den Gefangenen der SothA Klettern, spielt American Football, kocht oder grillt regelmäßig oder bestellt sich an bestimmten Abenden was Essbares von Außerhalb. Zu allem Übel haben die Therapieteilnehmer tagsüber für ihre Hafträume einen eigenen Schlüssel und können sich somit frei auf ihrer Abteilung bewegen. Im Grundsatz sind das schon Verhältnisse wie im offenen Vollzug, für den man jedoch eine besondere Eignung in vielen Punkten vorweisen muss. Da der Bereich der Sozialtherapie oftmals mit normalen Strafhaftabteilungen in einem Gebäude kombiniert ist, werden diese Vorzüge schnell bekannt und wie ein Lauffeuer untereinander verbreitet. Unter den Gefangenen führt das schnell zu Diskrepanzen und Aggressionen, die sich nicht selten in körperlichen Auseinandersetzungen entladen.

Die Idee einer Sozialtherapie in einem Gefängnis ist sicher eine sinnvolle Angelegenheit, aber bei der verantwortungsbewussten Umsetzung hapert es oft an allen Ecken und Enden. Insgesamt werden hier auch die Dienst- und Sicherheitsvorschriften extrem gestreckt und wiedersprechen dem Sicherheitskonzept der Haftanstalten enorm. Daher müssen sich die Verantwortlichen, die ein solches Konzept auf den Weg gebracht haben, an dieser Stelle berechtigterweise vorwerfen lassen, dass eine SothA oftmals das Paradoxon des Vollzuges darstellt und aufgrund der vielen krassen

Unterschiede zur hauptsächlich praktizierten und sicherheitsorientierten Strafhaft sowohl von Gefangenen als auch von Bediensteten nicht so richtig ernst genommen werden kann.

Kapitel 11: Vollzugsbedienstete vs. Sozialarbeiter

Durch die enorme Überbelegung der Vollzugsanstalten in der Vergangenheit hat man irgendwann festgestellt, dass man vor allem in den Jugendgefängnissen zu wenig Betreuungsarbeit leisten konnte. Es gab für über 400 Häftlinge vielleicht gerade eine Handvoll Sozialarbeiter, die dem gewachsenen Betreuungsanspruch und dem veränderten Vollzugssystem nicht mehr gerecht werden konnten. Am deutlichsten war dieser Notstand zum Beispiel bei der Einführung des Jugendstrafvollzugsgesetzes in NRW zu spüren. Mit dem Gesetz hielt auch eine neue, umfangreichere Betreuungsstruktur Einzug, die nun mehr oder weniger mit der Anzahl an Leuten gestemmt werden musste, die zur Verfügung stand. Also beschlossen die Anstaltsleitungen, Vollzugsbedienstete durch die erfahrenen Sozialarbeiter schulen und in die Grundlagen der gefängnistypischen Sozialarbeit einweisen zu lassen. Also erhielt fortan jeder im Abteilungsdienst tätige Beamte zwei bis drei Gefangene zugeteilt, für deren Entwicklung er über die gesamte Haftzeit verantwortlich und zuständig war. Die Hauptaufgabe bestand vorrangig darin, mit dem Häftling Lebensgrundlagen zu erarbeiten. Die jungen Kriminellen sollten lernen, sich möglichst eigenständig um Ausbildungs- oder Arbeitsstellen für die Zeit nach ihrer Haftentlassung zu bemühen. Auch die Wohnungssuche oder das Bekämpfen von Suchtproblematiken sollten sie gemeinsam mit den Beamten erarbeiten. Dieses System stellte sich als äußerst sinnvoll heraus, da die Abteilungsbeamten die Häftlinge durch den täglichen Umgang miteinander wesentlich besser kannten und einschätzen konnte als ein Sozialarbeiter, der insgesamt 25 bis 30 Inhaftierte zu betreuen und für jeden nur ein geringes Zeitfenster zur Verfügung hat. Die Verantwortung ihren Schützlingen gegenüber ist für die Vollzugsbeamten heutzutage so weitreichend, dass ihr persönliches Urteil zum Beispiel für eine vorzeitige Haftentlassung des Gefangenen maßgeblich ist. Die Beamten entscheiden also darüber mit, ob ein Inhaftierter in der Lage ist, fortan sein Leben selbständig in die Hand zu nehmen und frühzeitig wieder auf freien Fuß gesetzt zu werden. In einer solchen Entscheidung steckt gegenüber der übrigen Bevölkerung eine große Verantwortung, wobei die Vollzugsanstalten noch bis zu sechs Monate nach dem Haftzeitende für die ehemals Inhaftierten zuständig sind.

Die Gefangenenbetreuung wird vor allem im Jugendstrafvollzug sehr hoch gewertet. Daher werden die Bediensteten während ihrer Ausbildung in den theoretischen Abschnitten heutzutage intensiv in den dafür relevanten Bereichen Soziale Arbeit, Pädagogik und Psychologie ausgebildet. Allerdings sind auch lebensältere Beamte mit der Gefangenenbetreuung beauftragt und habe diese Form der Ausbildung dazumal noch nicht genossen. Das hat zur Folge, dass sich die Betreuungsarbeit zwischen Dienstanfängern und Dienstälteren enorm unterscheiden kann, was jedoch nicht negativ gewertet werden muss. Die erfahreneren Kolleginnen und Kollegen betreuen nach ihren eigenen Lebenserfahrungen und leiten hieraus ihre eigenen Erziehungsgrundsätze ab, die sie dann auf die ihnen zugeteilten Gefangenen anwenden. Dieses System funktioniert ebenso einwandfrei und belegt eindeutig, dass die Justiz in den letzten Jahren mit der Einstellung lebensälterer Kolleginnen und Kollegen und der damit verbundenen Anhebung des Mindest-Einstellungsalters garantiert keinen Fehler gemacht hat. Die Sozialarbeiter werden seither enorm entlastet und insgesamt das Endergebnis insofern besser, dass die Gefangenen, deutlich solider aufgestellt, in ihre Selbständigkeit entlassen werden können. Auch wenn der Sozialdienst in einigen Vollzugsanstalten mit dem allgemeinen Vollzugsdienst häufig aneinandergerät, allen weil jede Seite ihre eigene Interpretation von der Einhaltung von Sicherheitsvorschriften hat, ist in der Summe durch diese Umstrukturierung eine Win-Win-Situation entstanden: Die Sozialdienste haben weniger Druck und das Image der früheren „Hau-Drauf-Beamten" des allgemeinen Vollzugsdienstes, die auch leider heute noch als „Schließer" abgewertet werden, wurde derbe aufpoliert! Hinter der Arbeit mit Gefangenen steckt heutzutage eine ganze Menge mehr, als nur Türen auf- und abzuschließen. Wir reden hier mittlerweile von einer ausgefeilten, qualifizierten Betreuungsarbeit, die alle Bediensteten, die sich einst für die Arbeit hinter Gittern entschieden haben, mit einem hohen Maß an Menschenverantwortung erfüllen müssen. Daher hat das Zusammenspiel des allgemeinen Vollzugsdienstes und des Sozialdienstes enorm an Bedeutung gewonnen und verzeichnet Erfolge – nämlich eine konstante, niedrige Rückfallquote vor allem im Jugendstrafvollzug.

Kapitel 12: Die Pressearbeit- Gefährlich, aber nötig…

Mittlerweile schlagen die Leiterinnen und Leiter der Vollzugsanstalten einen neuen, für die allgemeine Bevölkerung ungewohnten Weg ein: Sie machen ihr Gefängnis und ihre Arbeit transparenter. Es weiß kaum jemand, was sich innerhalb einer Justizvollzugsanstalt abspielt. Diese Tatsache war über Jahrzehnte ein wunderbarer Nährboden für (schlicht falsche) Mutmaßungen und Gerüchte, die zeitgleich für ein dauerhaftes Negativ-Image der Gefangenenarbeit sorgten. Die Bediensteten einer JVA standen nur dann im Fokus der Öffentlichkeit, wenn irgendetwas passiert war. Sei es der Gefangene, der Suizid begangen hat oder derjenige, der von Mithäftlingen grausam gefoltert worden ist. Die Presse sieht sich in dieser Hinsicht immer genötigt, einen Schuldigen für eventuelle Missstände zu finden und stellt die Justizvollzugsbediensteten an den Pranger. Wenn in einem Industriebetrieb ein Mitarbeiter durch einen Arbeitsunfall schwer verletzt wird oder ein Bediensteter der Straßenmeisterei auf einer Autobahn bei seiner alltäglichen Arbeit ums Leben kommt (was nun wirklich nicht selten der Fall ist), beeindruckt das die Presse nur wenig. Passiert aber etwas im ohnehin „dubiosen" Strafvollzug, so kann man den Aufschrei und das Entsetzen über das Geschehene in der Presse, in der Politik und unter der Bevölkerung regelrecht hören. Sofort wird mindestens der mahnende Finger gegen die Gefängnismitarbeiter erhoben, ein Schuldiger für den aktuellen Missstand auserkoren und verbal hingerichtet. Das gesamte System wird in Frage gestellt und der Ruf nach harten Konsequenzen für die Verantwortlichen wird laut.

Hierzu gibt es einen sehr interessanten Fall, der sich innerhalb der letzten Jahre in einer Jugendstrafanstalt ereignet hat. Ein junger Strafgefangener aus Rumänien, der von seiner Familie keinerlei Erziehung in jeglicher Form erlebt hat und mehr oder weniger zum Kleinkriminellen abgerichtet worden ist, hielt monatelang nahezu alle Beamten dauerhaft in Atem. Er wies massive psychische Störungen auf und wurde dadurch extrem unberechenbar. Da man auch in einer JVA dauerhaft dazu angehalten ist, die Menschenrechte zu wahren, wurde der junge Mann für alle Beteiligten aufgrund seines Hangs zu ständigen, unvorhersehbaren Übergriffen auf die Bediensteten zu einer Plage. Es verging kein einziger Tag, an dem er nicht entweder seinen Haftraum in Brand steckte, Bedienstete angriff oder versuchte, sich selbst Schaden zuzufügen indem er Plastikgeschirr oder seine Fäkalien aß. Er war zudem nicht in der Lage, sich mit den Beamten zu verständigen, was ein weiteres Problem im Umgang mit dem jungen Mann darstellte. Zwar verpflichtete man hierzu regelmäßig Dolmetscher, aber stellte schnell fest, dass er auch seiner Heimatsprache nicht unbedingt mächtig war. Zwischenzeitlich setzte eine Phase in seinem Dasein ein, in der er über massive Schmerzen im Bauchraum klagte. Nach zahlreichen Untersuchungen durch sowohl den Anstaltsarzt als auch durch die Ärzte eines Vollzugskrankenhauses konnte man zunächst keine Erkrankungen, bis auf sein seelisches Leiden, feststellen.

Nach weiteren zähen Wochen der Übergriffe, aus denen oftmals verletzte und dienstunfähige Beamte resultierten, lagen die Nerven mehr als blank. Man wusste nicht mehr, wie man dem Rumänen helfen sollte. Auch eine medikamentöse Unterstützung half nur kurzzeitig. Der Gefangene stand mittlerweile unter ständiger Beobachtung und die Beamten taten trotz ihres anstrengenden, in Punkto psychologischem Können alles abverlangendem Schützlings alles in ihrer Macht stehende, um dem Jungen zu helfen. Aber die Mühe und die Strapazen sollten sich nicht auszahlen. Der junge Mann verstarb letzten Endes, am Tisch sitzend, in seinem Haftraum. Die verantwortlichen Beamten, die zu der Zeit die Aufsicht innehatten, verfielen in eine Schockstarre. Es darf vieles innerhalb einer Strafanstalt passieren – aber wenn ein Gefangener stirbt, bedeutet das einen ganzen Haufen Probleme für alle Beteiligten!

Es verging gerade einmal eine einzige Nacht nach dem Ableben des jungen Mannes, in der die Beteiligten dieses Vorfalls wenigstens kurz durchatmen konnten. Denn am nächsten Morgen traute man seinen Augen nicht. In einem bundesweit agierenden Tagesblatt wurde bereits über den nächtlichen Todesfall in der Jugendstrafanstalt ausführlich berichtet. Es war nicht nur höchst verwunderlich, wie rasend schnell die Buschtrommeln funktionierten, sondern an welch umfangreichen, streng vertraulichen und vor allem internen Informationen sich die Presse bedienen konnte. Die Anstaltsleitung durfte also nicht nur vor dem Justizministerium Rede und Antwort über den Todesfall stehen, sondern musste sich vielmehr darum kümmern, dass die eigenen Bediensteten gegen den ohnehin empfindlich zu ahnenden Datenschutz verstoßen und damit eine Vertrauensbasis ins Wanken gebracht haben. Es wurde in alle Richtungen ermittelt. Jeglicher Mailverkehr wurde überprüft, Bedienstete wurden befragt, es wurde Strafanzeige gegen Unbekannt gestellt. Der Verursacher konnte jedoch auch nach Monaten nicht ermittelt werden und kam ungeschoren davon. Man fragt sich an dieser Stelle, was ein Bediensteter damit bezweckt, umfangreiche Informationen wie in diesem Fall an die Presse weiterzugeben. Geht es dabei um Gelder, die er eventuell seitens der Presseverantwortlichen für solch brisantes Material erhält? Oder war er häufig Beteiligter in Auseinandersetzungen mit dem verstorbenen Gefangenen und war mit der Umgangs- und Vorgehensweise gegenüber dem jungen Rumänen nicht zufrieden? Oder hatte der Bedienstete vielleicht noch eine Rechnung mit seinem Anstaltsleiter offen, die er nun mit Hilfe dieses Vorfalls begleichen wollte? Ein solcher Fall lässt zahlreiche Spekulationen zu und man wird die Wahrheit sicher nie erfahren, wirft jedoch ein sehr schlechtes Licht auf eine Institution, die gutgemeinte Mittel und Wege in Anspruch nimmt, um sein Image unter der Bevölkerung aufzupolieren. Im Übrigen gibt bei solch schwerwiegenden Vorfällen die Anstaltsleitung im eigenen Interesse ohnehin einen umfangreichen Pressebericht ab, um der Öffentlichkeit nicht das Gefühl zu geben, etwas vertuschen zu wollen.

Die Pressearbeit in einem Gefängnis besteht natürlich nicht nur daraus, sicherheitsrelevante Zwischenfälle und Ungereimtheiten ans Tageslicht zu bringen. Vielmehr bemüht man sich durch regelmäßiges Einladen von namhaften TV-Sendern oder regionaler und überregionaler Presse, sein Vollzugsprogramm mit all seinen Besonderheiten publik zu machen und seine Einrichtung in einem besonders guten Licht in der Öffentlichkeit dastehen zu lassen. Tatsächlich gibt es in diversen Vollzugsanstalten ausgefeilte Behandlungs- und Betreuungsprogramme für Gefangene zur künftigen Vermeidung von Straftaten, die ein besonderes Augenmerk verdient haben. Schließlich geschieht all das im Sinne und zum Schutz der Bevölkerung und diese möchte man natürlich, gerade in der heutigen Zeit, immer gut informiert sein. Die Weitergabe von Informationen birgt natürlich auch so ihre Gefahren. Während beispielsweise Gefangene in Fernseh-Interviews aufgrund des Daten- und Persönlichkeitsschutzes unkenntlich gemacht werden, kann man jedoch den stellungbeziehenden Beamten inklusive seines Namens hervorragend erkennen und zuordnen. Wenn man bedenkt, in welchen Kreisen sich manch ein

Gefangener vor seiner Inhaftierung aufgehalten hat, könnte der wohlwollend vor der Kamera agierende Bedienstete, der vor seinen Statements der Presse gegenüber selbstverständlich eine Genehmigung hierzu seitens der Anstaltsleitung erhalten hat, schnell zu einer Zielscheibe werden. Denn man darf nicht vergessen, dass innerhalb der Gefängnismauern Menschen gegen ihren Willen gemaßregelt werden. Das sorgt wiederum dafür, dass man als Inhaftierter dem Vollzugsbeamten vor Ort nicht immer wohlgesonnen ist. Beim nächsten Besuch seiner Angehörigen drückt der Gefangene schnell mal seinen Unmut über die Zustände im Knast aus, was für die Angehörigen, Freunde oder Bekannten eines Häftlings ein Anlass dafür sein kann, dem dafür verantwortlichen Bediensteten nach seinem Dienst aufzulauern oder wenigstens zu recherchieren, wo dieser wohnt…Soziale Medien machen heutzutage fast alles möglich. Mit Fernsehberichten erreicht man eine breite Masse und erhöht somit auch das Risiko für die Beamten, außerhalb der Gefängnismauern zur Zielscheibe für Knastgegner zu werden. Unter

Umständen bezahlen sie dafür mit ihrer Gesundheit-ein viel zu hoher Preis für einen Menschen, der ohnehin tagtäglich bei der Ausübung seiner hoheitlichen Aufgaben seine Gesundheit aufs Spiel setzt. Ein weiterer Widerspruch einer zu ausgiebigen Pressearbeit in Gefängnissen ist der des Datenschutzes. Zu Tätigkeitsbeginn unterschreibt jeder Bedienstete, der in der Regel zunächst als Tarifbeschäftigter eingestellt wird, eine Datenschutzerklärung. Keine den Vollzug betreffenden Informationen verlassen den Gefängnisbereich! An dieser Stelle darf man sich fragen, wie weit man „vollzugliche" Informationen auslegt. TV-Interviews sind schon oftmals sehr weitreichend und definieren sehr exakt die verschiedenen Behandlungsangebote, den Aufbau des Gefängnisses oder Besonderheiten zu den Sicherheitseinrichtungen. Da ist wenigstens ein kleiner Widerspruch erkennbar, der jedoch zugunsten der Imagepflege von den Verantwortlichen billigend in Kauf genommen wird. Bisher sind kaum Vor- oder Zwischenfälle bekannt geworden, die aus der Pressearbeit heraus Probleme für Bedienstete und Anstaltsleitungen mit sich gebracht haben. Vielleicht ist das aber auch nur eine Frage der Zeit, bis genau das geschieht.

Kapitel 13: Kaltblütig, aber nett…

Eine weitere alltägliche, äußerst interessante Herausforderung für einen Vollzugsbeamten ist das Einschätzen der Gefangenen. Wenn man von der Aufnahmeabteilung einen sogenannten „Zugang" auf seine Abteilung zugewiesen bekommt, beginnt ein mehrtägiger Schnupperkurs für beide Seiten. Der neue Häftling wird seitens des Beamten mit dem nötigen Regelwerk auf seiner Abteilung intensiv vertraut gemacht. Das hat natürlich vorprogrammierte Spannungen zur Folge, die den sonst so geregelten Gefängnisalltag erstmal ein wenig überschatten können. Regeln sind zwar da, eignen sich jedoch hervorragend dazu, gebrochen zu werden. Die üblichen Provokationen nach Haftbeginn nehmen ihren Lauf: Aufstehen um 6 Uhr morgens ist nicht komfortabel, Haftraum saubermachen eine ständig wiederkehrende Last. Körperliche Hygiene ist in etwa drittrangig und die gewöhnlichen Umgangsformen wie ein „Guten Morgen" werden durch ein knappes, aber kerniges „Fick dich, Alter" ersetzt. Drohungen wie „Wenn ich keinen Scheiß Fernseher kriege, nehme ich die ganze Hütte auseinander" oder Massenmordandrohungen gegen den Abteilungsbeamten beim anfänglichen Nikotinentzug runden den Alltag im Umgang mit dem Neuankömmling perfekt ab. Es ist nicht verwunderlich, dass zuvor ohne festes Regelwerk lebende Menschen ein wenig Zeit benötigen, um sich in einem geregelten, aber den üblichen Lebensverhältnissen angepassten Vollzugsalltag zurechtzufinden. Ein paar Wochen später hat sich das Aufbäumen gegen die Regeln meistens gelegt und es kehrt wieder etwas mehr Ruhe ein. Die meisten Kandidaten, die sich anfänglich mehr oder weniger auffällig aggressiv verhalten, sind in der Regel Wiederholungstäter im Bereich der Gewaltstraftaten in Kombination mit Beschaffungskriminalität. Alkohol- und Drogenabhängigkeit sowie eine ausgeprägte Spielsucht stecken oftmals als Beweggründe hinter deren Handlungen. Allerdings ist diese Gruppe der Gefangenen leichter zu durchschauen und einzuschätzen.

Weitaus schwieriger wird das bei Gefangenen, die schwere Straftaten wie gefährliche Körperverletzung, Vergewaltigungen, Kindesmissbrauch, Totschlag oder Mord begangen haben. In den meisten Fällen sind das keine Affekthandlungen, sondern längerfristig geplante Aktionen mit einem hohen Maß an Hinterhältigkeit. Das verlangt gerade jungen Straftätern schon ein gewisses Maß an Intelligenz ab, die nach psychologischen Gutachten zufolge auch entsprechend vorhanden ist. Diese Gefangenen haben eine weitere Besonderheit an sich, die auch sehr erfahrene Vollzugsbedienstete immer wieder aufs Glatteis führt: Sie sind extrem nett!

Sei es der junge Mann, der 2012 seine über 80 Jahre alte Vermieterin mit über 40 Messerstichen regelrecht abschlachtete, der frischgebackene zwanzigjährige Vater, der sein Kind zu Tode schüttelte oder der Kinderschänder, der seine minderjährigen Geschwister über längere Zeit sexuell missbrauchte- allesamt wirkten im Strafvollzug aalglatt und waren auch zu Zeiten ihrer Freiheit total unauffällig. Geschätzt, geliebt und gern gesehen. An dieser Stelle macht sich der Zwiespalt im Umgang mit Gefangenen bemerkbar. Um zu erkennen, welche Sorte Mensch man im Vollzug vor sich hat, gehört eine Menge Menschenkenntnis und Fingerspitzengefühl. Aber das allein reicht oft nicht aus, damit ein Vollzugsbediensteter sich auf sein Gegenüber einstellen kann. Um seine eigene Ausgangsposition zu verbessern, sollte jeder Vollzugsdienstler von einem speziellen Hilfsmittel Gebrauch machen: Das Studieren der Gefangenenpersonalakte. In einer sogenannten GPA sind alle wichtigen Informationen, die den Charakter, Fähigkeiten und natürlich auch die Vergehen und Verbrechen eines Inhaftierten betreffen, schriftlich erfasst. Auch die psychologischen Gutachten über den etwaigen IQ oder Verhaltensauffälligkeiten sind dort zu entnehmen. Es wird beschrieben, welche familiären Verhältnisse bestehen oder was der betroffene Straftäter in seiner Kindesentwicklung bis hin zum Jugendlichen- und Erwachsenen-Dasein durchgemacht hat. Aus diesem, sehr sensiblen, Pulk an Informationen, gepaart mit dem äußerlich erkennbaren Verhalten des Häftlings ist ein recht exaktes Einschätzen eines neuen Charakters sehr gut möglich. Viele langjährige Kolleginnen und Kollegen des Strafvollzuges lesen diese GPA´s schon gar nicht mehr. Das kann einerseits durch die hohe Anzahl der bereits gelesenen Akten verursacht werden, da bestimmte Verhaltensmuster immer wieder zu bestimmten Straftaten passen und sich dadurch wiederholen. Es liegen den Bediensteten also bereits Erfahrungswerte vor, auf die sie sich sicher berufen können. Ein anderer, viel auschlaggebender Grund für das „Nicht-Lesen" von Gefangenenakten ist der der Vorurteilsbildung. Viele Bedienstete wollen nicht wissen, welch abscheuliche Verbrechen ihr Gegenüber, mit dem sie nun tagtäglich umgehen müssen, begangen hat. Es besteht auch bei Staatsdienern, die im Grundsatz die Verpflichtung haben, alle Menschen nach den Vorgaben des Grundgesetzes der Bundesrepublik Deutschland gleich zu behandeln, eine Abwendung gegen Vergewaltiger, Kinderschänder und Mörder. Wie fühlt man sich denn als Beamter im Strafvollzug, der selbst

Kinder hat und mit der Vorstellung konfrontiert wird, das der schleimig grinsende Typ aus Haftraum 109 auf widerlichste Art und Weise eine Siebenjährige immer wieder vergewaltigt hat? Wer zieht denn da keine Parallelen zu seiner eigenen Familie? Zu seiner Tochter oder zu seinem Sohn in demselben Alter? Es sind in der Tat Hassgefühle, die bei einem solch unvermeidbaren Gedanken bei einem gesellschaftlich konform denkenden Menschen entstehen. Ich habe das selbst so erfahren, jedoch war ich, ebenso wie die allermeisten Bediensteten auch, immer in der Lage, meine persönlichen Gefühle und das dienstliche Verhalten zu trennen. Dazu muss man als Gefängnismitarbeiter ohne Kompromisse in der Lage sein. Sollte man diese Voraussetzung aus irgendeinem Grund nicht erfüllen, wäre die Wahl eines anderen Berufes ratsam, da dieser Zustand, sich mit Verbrechen jeglicher Art und den dazugehörigen Verursachern auseinanderzusetzen, allgegenwärtig ist.

Für eine erfolgreiche Betreuungsarbeit, die ja vor allem im Jugendstrafvollzug mehr oder weniger Pflicht ist, ist das Studieren der GPA für die Entlassungsvorbereitung äußerst wichtig, eigentlich sogar unerlässlich. Sie bietet die Grundlage für den weiteren Behandlungs- und Betreuungsverlauf und nur mit den daraus entnehmbaren Informationen kann eine resozialisierungsfördernde Arbeit, die ja das eigentliche Ziel des Vollzuges darstellt, erfolgen. Allerdings treten in seltenen Fällen auch Besonderheiten auf, in denen die festgestellten Persönlichkeitsmerkmale aus der GPA nicht mit der Person, die vor einem steht, übereinstimmt. Es entsteht dann bei den Bediensteten der Eindruck, dass bestimmte Tatvorwürfe oder Verbrechen allein aufgrund des Auftretens und der Persönlichkeit nicht zu dem Gefangenen passen können. Das folgende Kapitel soll diese Vermutung, dass auch so etwas in unserer Justiz vorkommen kann und zweifelsohne für Zwiespalt sorgt, unterstreichen!

Kapitel 14: Tim T. – Schuldig oder nicht?

Es war nun schon der vierte oder fünfte Samstagabend in Folge, an dem Tim allein zuhause saß. Die 75 m² große Dreizimmerwohnung im östlichen Münsterland war nett eingerichtet. Liebevoll der Jahreszeit entsprechend dekoriert, warme Farben an den Wänden, einladend abgestimmt auf den Holz-Ton des Fußbodens. Stimmig und ruhig war es hier im Wohnzimmer und eine erholsame Atmosphäre machte sich in der noch ziemlich dunklen Jahreszeit breit. Innerlich drohte Tim jedoch förmlich zu zerbersten. Viel zu früh war er Vater geworden und trug nun die Verantwortung für einen mittlerweile drei Monate alten Säugling. Im Gegensatz zur stimmigen Wohlfühloase seines Zuhauses, fühlte er sich innerlich gar nicht wohl. Wieder einmal hat sie ihn mit der ganzen Verantwortung allein gelassen. Ist wieder Feiern gegangen, wie auch schon die ganzen letzten Wochen. Mit ihren gerade 18 Jahren hatte sie wohl noch einiges aufzuholen und ließ Tim immer mehr im Stich. Es verging kein verdammter Tag, an dem er sich nicht seiner Verantwortung stellte. Liebevoll kümmerte er sich um seinen kleinen Sohn, dem es im Grunde an nichts fehlte – außer der Zuwendung und Fürsorge seiner Mutter. Die wichtigste Komponente für das Baby schien von diesem weit entfernt zu sein. Auch Tim kam deutlich zu kurz in dieser Beziehung. Er hatte das Kind offenbar mit der falschen Frau bekommen, blieb nun neben seiner Ausbildung an Allem allein hängen. Haushalt machen, Einkaufen, Arbeiten und Baby versorgen. Mit knapp 20 Jahren eine enorm große Herausforderung für einen weitestgehend unerfahrenen Menschen. Und die Mutter war nie da, wenn er und das Baby sie brauchten. Der Traum vom harmonischen Familienleben war für Tim nicht in Erfüllung gegangen. Diese Gedanken hatte Tim mittlerweile dauerhaft in seinem Kopf. Mit wem würde seine Holde heute Abend wieder in die Kiste steigen. Er hatte genügend berechtigte Verdachtsmomente, die seine Sorge berechtigen würden. Tim war verloren in dieser ganzen, aus Trümmern bestehenden Welt und verlor etwas in sich. Lebensfreude, Zuversicht und Vertrauen waren Fremdwörter für ihn geworden. Die ganze Situation setzte ihn enorm unter Druck und nicht zuletzt die ganzen Streitigkeiten mit der Kindesmutter brachten das Fass schon des Öfteren fast zum Überlaufen. Der sonst so ruhige, besonnene und umgängliche Tim hat sich in eine tickende Zeitbombe verwandelt, die jederzeit zu explodieren drohte. Schon kleinste Kleinigkeiten, und wenn es das vor Hunger weinende Baby war, brachten ihn aus der Fassung und er schaffte es kaum noch, Ruhe zu bewahren. Was anfänglich noch ein liebevolles Kümmern um den eigenen Nachwuchs war, war nun zu einer unerträglichen, verpflichtenden Mühseligkeit geworden. Er wollte und konnte sich gar nicht mehr um den Kleinen kümmern. Sei es das regelmäßige Wickeln, das Bespaßen, das Aufstehen bei Nacht oder das Warmmachen des Fläschchens – er hätte am liebsten alles hingeschmissen und wäre abgehauen. Aber sein Pflichtbewusstsein gegenüber seinem eigen Fleisch und Blut war immer noch da und er quälte sich damit durch den

Tag. Seine Lebensgefährtin kümmerte sich jedenfalls nicht. Kein Stück. Jedes Mal aufs Neue brachte ihn das vor allem in der letzten Zeit zur Weißglut. Im Hintergrund war bereits das Geschrei des Babys zu hören, während Tim versuchte, sich vor dem Fernseher bei einer Flasche Bier etwas zu entspannen. Er wollte den Kleinen jetzt nicht aus dem Bettchen holen. Zwei Minuten noch. Er würde nicht vor Hunger sterben. Außerdem hatte ihn der vor einer Viertelstunde gewesene Streit mit seiner einfach nur dummen Alten wieder völlig aus der Bahn geworfen. Tim nahm einen großen Schluck Bier aus der dunkelbraunen Halbliter-Flasche und lehnte sich kurz ins Sofa zurück. Das Fernsehprogramm nahm er gar nicht richtig wahr – nur so am Rande, während seine Gedanken sich nur um seine Zukunft und das abartige Verhalten seiner Freundin drehten. Womit hatte er diesen ganzen Scheiß verdient? Immerhin war man sich doch einig, ein Kind in die Welt setzen zu wollen. Warum stand ausgerechnet sie – die Mutter des kleinen Wurms – nicht dahinter? Er konnte das alles allein nicht schaffen. Das Baby begann immer lauter und vehementer zu Schreien. Tim musste sich aus seinen Gedanken lösen, auch wenn sie noch nicht zu Ende gedacht waren. Eigentlich musste er sie zu Ende denken, denn sonst würde er nie beschließen können, wie es mit seinem Leben weitergehen würde. Er würde wahrscheinlich hier in diesem Zimmer, in dieser Wohnung versauern, bis seine ehemalige Herzensdame, die sie für ihn definitiv nicht mehr war, mit einem neuen „Stecher" durch die Tür kommen würde. Dann wüsste er wenigstens, was Sache wäre. Aber nicht einmal das war ihm gegönnt. Sichtlich genervt vom Geschrei seines Sprösslings stand er vom Sofa auf und ging Richtung Schlafzimmer. Dem kleinen Wurm liefen bereits dicke Tränen aus den Augen, der Kopf war vom kontinuierlichen Geschrei knallrot. Die Ärmchen und Beinchen bewegten sich, wie bei Säuglingen in dem Alter üblich, im Wechsel heftig auf und ab. Der Hunger ließ sich nicht mehr verbergen! Er war sehr mobil, der kleine Mann. Und das wichtigste: Kerngesund! Tim sprach ihm tröstend zu und nahm ihn, an seine rechte Schulter anlehnend, auf den Arm. Das Baby wurde ruhiger und allmählich entspannte sich auch Tim´s überladene

Gefühlswelt. Er ging zurück ins Wohnzimmer, wo er zuvor schon in einem elektrischen Flaschenwärmer die Säuglingsnahrung erwärmt hatte. Die Trinktemperatur war nahezu erreicht. Tim war ja bereits geübt in diesen Dingen und hatte eine sichere Routine entwickelt. Ein Baby zu versorgen, dass fiel ihm sicher nicht mehr schwer. Seine Freundin hatte schon allein durch ihre ständige Abwesenheit gut dafür gesorgt, dass er sich ausreichend mit der „Materie Kind" auseinandersetzen musste! Bei diesem Gedanken kochte es in Ihm plötzlich wieder hoch. Er stellte sich vor, wie sie sich in irgendeinem Tanzpalast von gierig geifernden Typen anquatschen und vielleicht sogar anfassen lässt. Und er saß hingegen, wie nahezu jedes Wochenende zuhause und konnte nur erahnen, was sie so trieb. Tim wurde unruhig. Der Säugling, der noch immer an seiner Schulter lehnte und sein Köpfchen mit dem Gesicht voran vertrauensvoll an Tims Hals ablegte, zeigte seinem Vater durch plötzlich auftretendes herzzerreißendes Geschrei, dass der Hunger nun doch die Oberhand gewonnen hatte und eine weitere Zeitverzögerung nicht toleriert werden kann. Tim wurde hektisch. Das Geschrei das Babys war jetzt gerade unerträglich für ihn. Er legte seinen Sohn, der mit gut 70 cm Körpergröße für sein Alter schon recht groß war, auf seinen Unterarm und griff mit der freien Hand nach der Flasche im Flaschenwärmer. Dabei war er in dieser ausführenden Bewegung zu hektisch und verlor die nasse Glasflasche aus der Hand. Sie schlug mit der Unterseite auf den Couchtisch, dessen Ablageplatte aus Glas war. Die Flasche zersplitterte und ein Teil der Glasplatte brach ab. Die Säuglingsmilch verteilte sich zudem überall auf dem Boden, ebenso wie vermutlich hunderte kleiner Glassplitter. Tim kochte innerlich vor Wut. Das Baby schrie wie am Spieß, aufgeschreckt durch den Knall der zerborstenen Flasche und den unerträglich gewordenen Hunger. Der Säugling ließ sich nicht mehr beruhigen. Ebenso wie Tim. Sein Gesichtsausdruck verkrampfte sich so sehr, dass er schon fast entstellt aussah. In seinen Augen entstand ein beängstigendes Funkeln, was schon erahnen ließ, dass er jeden Moment die Kontrolle über sich verlieren könnte. Er blickte auf seinen Sohn, der noch immer in seinem Arm lag und ihn mit seinen verweinten Augen nahezu vorwurfsvoll anschaute. Aber selbst dieser Blick des Babys, der normalerweise jeden Menschen dahinschmelzen lässt und den natürlichen Beschützerinstinkt auslöst, konnte Tim nicht wieder auf den Boden der Tatsachen zurückholen. Damit war es jetzt endgültig vorbei. Das Geschrei des Babys ging ihm nicht nur auf den Sack, sondern er wollte, dass es sofort aufhört. Dazu wäre ihm jetzt jedes Mittel recht. „Halt die Fresse", schrie er dem Baby zu, wobei er sein Gesicht mit der Nasenspitze voran an das seines Schützlings presste. Das Geschrei des kleinen Mannes wurde noch erbärmlicher und lauter, das Gesicht färbte sich dabei mittlerweile dunkelrot. Luftholen war durch das extreme Weinen zur Nebensache geworden. Das brachte Tim nur noch weiter in Rage. „Ich habe gesagt, Du sollst Deine Fresse halten", schrie er nochmal und packte seinen Sohn mit einem unglaublich festen, für das Baby sicher schmerzhaften Griff um dessen Hüften und richtete ihn, etwa einen halben Meter vor sich haltend, ruckartig auf. Der Kleine hatte sichtlich Schwierigkeiten, sein mit dünnen, schwarzen Haaren bewachsenes Köpfchen durch die schnelle Bewegung zu halten, sodass es zur Seite wegknickte und zweifelsohne für den hilflosen Kleinen weitere Schmerzen verursachte. Tim war das jedoch egal. Sein Sohn schrie mittlerweile wie am Spieß. Vor Hunger, vor Angst, vor Schmerzen. Tim war außer sich vor Wut. Je mehr das Baby, das er noch immer im festen Griff vor sich hielt, schrie, desto mehr wuchs in ihm der blanke Hass. Er wollte am liebsten mit seinen Fäusten darauf einschlagen oder es unter einem Kissen ersticken. Tim verlor die Kontrolle nun endgültig. Mit wutverzerrtem Gesicht und Todeswahn in seinen Augen begann er, den Körper des kleinen, schutzlosen Wesens mit wuchtigen Bewegungen hin und her zu schütteln. Er krallte sich mit seinen Händen förmlich in dem kleinen Babykörper fest, das markerschütternde Schreien und Weinen des Säuglings nahm Tim wenn nur noch entfernt wahr. Der Kopf des Kindes wirbelte auf dem kleinen, schmalen Hals hin und her, während seine Schreie in eine hohe, wimmernde Tonlage umschlugen, bevor sie nach ewig andauernden Sekunden der Qual immer mehr verstummten.

Schweißgebadet und am ganzen Körper zitternd, starrte Tim auf den leblosen Leib seines Sohnes, den er immer noch vor sich hielt. Das kleine Köpfchen hing ebenso wie Ärmchen und Beinchen schlaff herab, während das Gesicht des Babys sich bläulich zu verfärben begann. Es herrschte plötzlich eine gespenstische Ruhe in der gesamten Wohnung. Nichts und niemand rührte sich mehr. Im ganzen Haus schien auf einmal niemand mehr auch nur einen einzigen Laut zu verursachen.

So ungefähr könnte die Tat an diesem Abend nach den Aussagen von Tim T. abgelaufen sein. Nachdem er selbst einen Notarzt verständigte, um seinen schwerstverletzten, jedoch noch lebenden Sohn in rettende Hände zu übergeben, wurde er als dringend Tatverdächtiger der begangenen schweren Körperverletzung und des versuchten Totschlags in Untersuchungshaft genommen. Nach Abschluss der Untersuchungen wurde er rechtskräftig verurteilt und für vier Jahre inhaftiert. Im Laufe seiner Haftzeit musste Tim sich einer psychologischen

Begutachtung unterziehen, eine Ausbildung absolvieren und wie jeder andere nach Jugendstrafrecht Verurteilte, der Arbeitspflicht nachgehen. Im Grunde war Tim T. ein Vorzeigegefangener. Er ließ sich in der ganzen Zeit seiner Inhaftierung rein gar nichts zu Schulden kommen, erledigte verantwortungsbewusst seine Angelegenheiten und pflegte regelmäßig Kontakte zu seiner Familie. Auch an seiner Entlassungsvorbereitung wirkte er vorbildlich mit und musste kein Stück resozialisiert werden. Er wusste, wie das Leben funktioniert. Schnell stand für alle Beteiligten in der JVA fest, dass irgendetwas in Anbetracht seines Verhaltens und der begangenen Tat nicht stimmte. Selbst das psychologische Gutachten bescheinigte Tim eine ausgesprochene Ausdauer, Geduld und die Fähigkeit, auch in schwierigen Situationen Ruhe zu bewahren. Die Tat konnte zwar einer vorübergehenden Überforderung vorangegangen sein, schien aber letztlich sehr unwahrscheinlich. Tim´s Sohn verstarb gut einen Monat nach dem Tötungsversuch aufgrund massiver Hirnschäden. In den ersten Monaten seiner Inhaftierung tauschte er sich mit seiner Freundin regelmäßig über das Geschehene per Briefkontakt aus. Es gab zwischen den Zeilen einige Hinweise darauf, dass Tim anscheinend nicht der Grund war, dass das Baby sein viel zu junges Leben lassen musste. Auch in aus dieser Vermutung resultierenden, persönlichen Gesprächen zwischen Tim und Bediensteten der JVA stellte man fest, dass seine Geschichte unstimmig war. Er hatte anscheinend das Leben des gemeinsamen Babys auf dem Gewissen. Warum hat seine Freundin dann noch einen liebevollen und regelmäßigen Kontakt zu Ihm gepflegt? Warum wollte sie anfangs mit Ihm noch ein weiteres, gemeinsames Kind? Wenn ein Mensch mein Kind umbringt, egal ob Lebenspartner oder nicht, kann man das doch nicht allen Ernstes noch wollen? Schlussendlich hat die Dame sich noch während der Haftzeit von Ihm getrennt. Tim war nie auffällig, wurde von seinem Umfeld als stets ruhiger, zuvorkommender, höflicher und verantwortungsbewusster Zeitgenosse beschrieben und hatte einen starken Familiensinn. Das letzte, was man ihm zugetraut hätte, wäre das Schädigen eines Menschen gewesen. In den letzten Tagen vor seiner (vorzeitigen) Entlassung besiegelte er eine ohnehin Im Raum stehende Unschuldsvermutung, die nicht nur seitens der Sozialarbeiter und Psychologen der JVA geäußert wurde, mit den Worten: „Wenn ich gewusst hätte, dass sich meine Freundin während meiner Haftzeit von mir trennt, hätte ich von Beginn an die Wahrheit gesagt!"

Hatte Tim sich anstelle seiner Freundin inhaftieren lassen? Über sie war im Nachgang, also nach Tims Verurteilung, Überforderung und unangemessenes Verhalten in so einigen Lebenslagen bekannt geworden, wodurch man eher darauf hätte schließen können, dass sie selbst das gemeinsame Kind zu Tode geschüttelt hat. Man wird es sicher nie erfahren, denn die Schuld ist ausgeglichen worden. Allerdings ist zu hoffen, dass dem wahren Schuldigen, wer auch immer es in diesem Fall ist, seine Tat sein ganzes Leben präsent sein wird.

Kapitel 15: Der lange Weg zurück in die Gesellschaft

Während im Erwachsenenvollzug der Spruch „Einmal Knacki-immer Knacki" ganz treffend die Rückfallquote vieler Krimineller beschreibt, ist im Jugendstrafvollzug, wie bereits eingangs erwähnt, die Solche deutlich niedriger. Man scheint es also tatsächlich mit der erzieherisch ausgerichteten Vollzugsform zu schaffen, die jungen Menschen wieder auf den richtigen oder überhaupt erstmal auf irgendeinen Weg zu bringen. In den letzten Jahren hat die Gesellschaft, vor allem die Riege der Arbeitgeber in Deutschland, eine interessante Wandlung durchlebt.

Immer mehr (vor allem handwerklich tätige) Betriebe sind heutzutage bereit, ehemalige Häftlinge einzustellen. Das wäre früher niemals denkbar gewesen, zumindest nicht in dem Umfang wie heute. Da in den Gefängnissen fast ausschließlich handwerkliche Berufe ausgebildet werden (Schlosser, Tischler, Maurer, Elektriker, Heizungsbauer oder Maler), und die Lehrlinge durch die dort tätigen Meister in Zusammenarbeit mit der zuständigen Handwerkskammer sehr erfolgreich durch die Ausbildung gelotst werden, ist eine zeitnahe Anstellung eines Ex-Häftlings in einem Betrieb außerhalb der Gefängnismauern bei weitem nicht unrealistisch. Auch die Ausbildung in einer Haftanstalt ist qualitativ nicht minderwertiger als eine in der freien Wirtschaft. Im Laufe ihrer Ausbildung werden die inhaftierten Lehrlinge, nachdem sie sich einem empfindlich zu prüfenden Eignungsverfahren für Außenarbeit unterzogen haben, auch auf externen Baustellen eingesetzt. Von da an haben sie die Möglichkeit, ihr Können in der Privatwirtschaft unter Beweis zu stellen. Außerdem dürfen sie an mehrwöchigen Praktika teilnehmen und ihre Abschlussprüfung vor der zuständigen Kammer absolvieren.

Die wichtigste Grundlage für die Wiedereingliederung eines Gefangenen nach der Haft ist die sogenannte „Vollzugslockerung" oder „vollzugslockernde Maßnahme". Gestützt auf strenge Gesetzesvorgaben im Jugendstrafvollzugsgesetz wird vor

Prüfung der Lockerungseignung die Erfüllung des Vollzugsplanes festgestellt. Dieser ist individuell zu Haftbeginn für jeden Gefangenen erstellt worden, um einen eventuellen Förderbedarf sowie alle zu treffenden Maßnahmen für den Inhaftierten, die zu einer künftigen Vermeidung von Kriminalität führen und den Betreffenden gesellschaftskonform machen sollen, verbindlich zu vereinbaren. Am Ende wird, je näher der Zeitpunkt der Entlassung heranrückt, die erfolgreiche Umsetzung der festgelegten Maßnahmen geprüft und schließlich die Vollzugslockerung eingeleitet.

Ist diese zugunsten des Gefangenen entschieden, so ergeben sich für ihn lange verwehrte Möglichkeiten der Eigenständigkeit. Wege zu Behörden, Schulen, potenziellen Arbeitgebern oder zu Zwecken der Wohnungssuche erledigt der Gefangene nun, jedoch unter strikten Auflagen, allein. Eine dieser Auflagen wäre beispielsweise die Festlegung einer Uhrzeit, wann der Gefangene sich wieder zurück in der Haftanstalt befinden muss. Eine Andere ist die Einhaltung des strikten Alkoholverbotes. Zur Resozialisierung gehört also seitens des Vollzuges auch das „Laufen lassen". Der Inhaftierte stellt unter Beweis, dass er zuverlässig und zielorientiert handelt. Natürlich möchte der Betreuer, und in diesem Zusammenhang auch Anstaltsleitung und Gericht, positive Ergebnisse sehen. Die Maßnahmen zur Vollzugslockerung werden dann, je nach Zuverlässigkeit des Probanden, entweder ausgeweitet oder wieder eingeschränkt. Eine Steigerung dieser verdienten Freiheit wären die Gewährung von verlängerten Wochenenden bei der Familie oder sogar Urlaub. Vor allem in einem Urlaub, in dem sich der Häftling völlig außerhalb der Kontrolle der Justiz befindet, kann er seine Zuverlässigkeit unter Beweis stellen. Er hat plötzlich wieder Kontakt zu Familienangehörigen oder seinem „alten" Freundeskreis, der vielleicht sogar Ursache dafür war, dass es zur Inhaftierung gekommen ist. Der zuständige Betreuer beobachtet natürlich während der Haftzeit auch das Verhältnis des Gefangenen zu Familienangehörigen, Freuden oder Lebensgefährten. Das lässt sich recht gut durch Briefverkehr, Telefonate und Besuche erkennen und ist eine entscheidende Komponente für die Auswahl der Angehörigen, bei denen der Inhaftierte seinen Urlaub verbringen darf. Beschaffungskriminalität, BTM-Delikte oder Körperverletzungen werden selten von einem einzelnen Täter begangen und sind nicht selten Früchte aus Langeweile, Perspektivlosigkeit und einer falschen Erziehung. Der gelockerte Gefangene muss also unter Beweis stellen, dass er diesen Herausforderungen wiederstehen kann. Wird er Alkohol zu sich nehmen oder sogar Drogen? Lässt er sich von Freunden und Bekannten dazu verleiten, erneut Straftaten zu begehen? Ein gewisses Restrisiko für einen Rückfall ist immer vorhanden und den Justizvollzugsanstalten durchaus bekannt. In einem solchen Fall reagiert man insofern darauf, dass jeder Inhaftierte, der gegen Auflagen, die mit der Gewährung von Vollzugslockerungen in Zusammenhang stehen, verstoßen hat, umgehend der JVA durch die Polizei wieder zugeführt wird. Lockerungen werden wiederrufen und nach einem für sinnvoll erachteten Zeitraum erneut geprüft. Die „Bewährungszeit" (nicht zu verwechseln

mit der richtigen Bewährung nach der Haft) beginnt also nun von vorn oder wird ganz versagt. Es gibt Häftlinge, die ohne Vollzugslockerungen aus der Haft gehen. Hier spiegelt sich dann leider auch die Rückfallquote wieder. Allerdings liegt das Verschulden der Rückfälle nicht an einem Fehler im Vollzugssystem, sondern an der Unbelehrbarkeit einiger Krimineller, die es nicht schaffen, sich auf ein neues, straffreies Fahrwasser zu begeben. Um dieses Rückfallrisiko etwas einzudämmen, wird der Gefangene oftmals dazu bewegt, außerhalb seines gewohnten Umfeldes einen Neuanfang zu machen. Arbeitsstellen und Wohnungen werden teilweise gezielt in Gegenden gesucht, die nicht selten 100 Kilometer vom ursprünglichen Wohnort des Gefangenen entfernt sind. Mit solchen Maßnahmen zielen die Resozialisierungsverantwortlichen
darauf ab, das Rückfallrisiko noch einmal deutlich zu verringern, was allerdings auch seine Wirkung zeigt. Seitens des Vollzuges wird also schon viel dafür getan, dass Kriminelle nach ihrer Haftzeit straffrei bleiben. Es gibt jedoch einen weiteren, wichtigen Faktor, der einen Rückfall in alte

Verhaltensmuster vermeiden kann und soll. Die Kooperation und Zuverlässigkeit der Familienangehörigen bilden diesen unabdinglichen Faktor! Vor allem im Jugendstrafvollzug arbeiten die Behörden sehr eng mit den Familien der straffällig gewordenen Frauen und Männer zusammen. Die Angehörigen bilden neben eigener Wohnung und Berufstätigkeit des ehemals Inhaftierten eine weitere Säule einer manifestierten Lebensgrundlage. Auch wenn genau diese Familienangehörigen ab einem bestimmten Zeitpunkt die Kontrolle über ihre Sprösslinge verloren haben, sind diese doch sehr dankbar über die tiefgreifende Unterstützung, die ihnen der Strafvollzug im Rahmen der Betreuungs- und Resozialisierungsarbeit bietet. Im Gegenzug kommt es nicht selten vor, dass Eltern und Geschwister eines Kriminellen künftig ein sehr genaues Auge auf sein weiteres Leben werfen. Alle scheinen in einer solchen Situation voneinander zu lernen und versuchen natürlich, die Fehler aus der Vergangenheit nicht wieder zu machen. Man wundert sich manchmal, welch großen Einfluss die Eltern oder Geschwister eines Gefangenen plötzlich auf diesen haben! Die Haftzeit bei jugendlichen Straftätern beträgt im Durchschnitt etwa zwei Jahre. Das hört sich zunächst nicht ganz so viel an, aber es sind zwei Jahre Isolation aus dem bisherigen Leben eines Menschen. Und dieser muss plötzlich auf seine Familie, Lebenspartner und sein gewohntes Umfeld verzichten. Für einen jungen Menschen, aber natürlich auch für Ältere, beginnt mit dem Haftantritt zunächst eine belastende, düstere Zeit – auch wenn sie selbstverschuldet und verdient sein mag. Mit dem Eintritt dieser Phase entstehen oftmals depressive Gedanken und Suizidabsichten. Das Leben scheint plötzlich keinen Sinn mehr zu machen und möchte am liebsten beendet werden. Hinzu kommen Gefühle wie Kontrollverlust und Eifersucht, da vor allem die Lebenspartner, die durchaus noch sehr jung sind und nicht immer unbedingt darauf warten, bis der inhaftierte Freund aus der Haft entlassen wird, ihr Leben auch ohne diesen weiterleben. Zwar steht das Leben im Haft auch nicht still – ganz im Gegenteil. Aber es geht in einer anderen, wegweisenden Richtung weiter und beschäftigt sich nicht mit der Frage, was

Freunde und Familie draußen in der Freiheit so treiben. Für den Gefangenen stellt sich von nun an die Frage, wie es mit seinem eigenen Leben weitergeht. Das System des Strafvollzuges legt die Antwort in die Hände des von nun an für sich selbst verantwortlichen Häftlings. In dieser Zeit lernen die straffällig gewordenen, jungen Menschen sehr viel über sich selbst, ihre Grenzen, Verpflichtungen und gesellschaftliche Regeln. Wenn die ersten Wochen der Haft vorbei sind und die Psyche sich wieder etwas regeneriert hat, steht für viele Häftlinge bereits fest, dass ihr künftiger Weg straffrei weitergehen wird. Man bemerkt als Bediensteter im Vollzug über die (oftmals lange) Zeit der Inhaftierung eines Menschen eine positive und starke persönliche Veränderung und hat das Gefühl, dass in vielerlei Hinsicht ein akuter Sinneswandel entsteht. Reue und das Auseinandersetzen mit der begangenen Straftat fallen plötzlich gar nicht mehr schwer und bilden eine solide Basis für eine erfolgreiche Weiterbehandlung. Und wenn nun auch noch die Familienangehörigen an demselben Strang mitziehen, sind die Weichen für ein straffreies Leben nach der Haft gestellt. So sollte es eigentlich immer funktionieren – tut es aber leider nicht. An dem folgenden Beispiel möchte ich einmal verdeutlichen, wie man einem jungen Menschen die Rückkehr in die Gesellschaft im letzten Moment auch verbauen kann – allerdings nicht seitens des Strafvollzuges, sondern durch die Inkonsequenz der sonst so fürsorglich erscheinenden Familienangehörigen…

Kapitel 16:   Schlechtes Vorbild

Marc P. wurde gute 1 ½ Jahre in einer JVA betreut. Der junge Mann Anfang 20 hatte schon so einige Schicksalsschläge hinter sich. Seine Mutter verstarb an einem Krebsleiden, der Vater lebte von ihr getrennt und hatte kaum Zeit für seinen Sohn. Marc konnte eigentlich tun und lassen was er wollte. Keine Grenzen, keine Werte die ihm vermittelt wurden. An sich war er kein schlechter Mensch. In der JVA bestach er durch Freundlichkeit und Zuverlässigkeit in seiner Funktion als Hausarbeiter. Beschaffungskriminalität aus einer ausgeprägten Spielsucht heraus, Einbrüche aus Langeweile und in letzterem Zusammenhang eine gemeinschaftlich begangene, schwere Körperverletzung an einer älteren Dame mit anschließender Todesfolge sorgten für seine Inhaftierung. Es war ja nicht so, als hätte man zuvor nicht von verschiedenen Stellen aus versucht, Marc auf dem rechten Weg zu halten. Eine Jugendhilfeeinrichtung unterstützte Familie P., in dem sie Marc einen Platz in einer Wohngruppe verschafften. Hier wurde er von Sozialpädagogen betreut, seine Gelder kontrolliert und dafür gesorgt, dass er ganzzeitig mit Arbeit beschäftigt war. So kam er nicht auf dumme Gedanken, rebellierte aber gegen sämtliche Regeln und brach immer wieder aus seinem sicheren Umfeld aus. Marc wurde aufgrund der zahlreichen Regelverstöße und der Unfähigkeit, sich in bestehende Systeme zu integrieren, nach endlos erscheinenden Gesprächen und Rehabilitierungsversuchen aus der Wohngruppe ausgeschlossen und war nun mehr oder weniger obdachlos. Nach dem üblichen Werdegang, den ich in diesem Kapitel bereits beschrieben habe, wurde Marc also inhaftiert.

Ich selbst wurde mit der Betreuung von Marc P. beauftragt. Ich studierte seine Persönlichkeit sehr genau und bewertete ihn nicht nach seinen begangenen Verbrechen, sondern nach seinen charakterlichen Eigenschaften. Außerdem nahm ich zu der Jugendhilfeeinrichtung, die ihn vor der Inhaftierung betreute, Kontakt auf und lud die Verantwortlichen zu einem gemeinsamen Gespräch in die Vollzugsanstalt ein. Hier wurde als mögliche Grundlage für eine vorzeitige Entlassung die Wiederaufnahme in die Jugendhilfeeinrichtung angeboten. Von Vorteil war, dass Marc vor seiner Inhaftierung den Beruf des Kaufmanns erlernt und auch abgeschlossen hatte. Da sich die Jugendhilfe auch in einiger Entfernung zu seinem damaligen Wohnort befand und daher nicht zu erwarten war, dass er Kontakt zu seinem alten, ebenfalls mit Kriminalität behaftetem Freundeskreis aufnehmen würde, waren die Grundlagen für die Einleitung vollzugsöffnender Maßnahmen gegeben. Marc wurde von mir immer wieder motiviert, seine Angelegenheiten selbst zu erledigen und ich wagte es, ihn eines Tages allein auf die Straße zu lassen. Er hatte einen Termin bei der Arbeitsagentur, um dafür zu sorgen, pünktlich zu seiner Entlassung möglichst wieder in einem Arbeitsverhältnis zu stehen. Er meisterte diesen Termin ohne Zwischenfälle. Im weiteren Verlauf nahm er Kontakt zu seinem Bewährungshelfer und zu seinem Vater auf, um grundlegende Dinge wie das Stellen einer Unterkunft oder die Weiterbehandlung seines Spielsuchtproblems nach der Haft zu regeln. Der Vater von Marc signalisierte nach mehreren intensiven Gesprächen mir gegenüber eine herausragende Kooperationsbereitschaft und versicherte mir, ein genaues Auge auf die künftige Entwicklung seines Sohnes zu werfen. Mit Hilfe des Bewährungshelfers würde man ihn schon in den „Griff" bekommen. Also schloss ich mit den Beteiligten folgende Vereinbarung, um Marc gute sechs Monate vorzeitig in die Freiheit entlassen zu können: Bis zum erfolgreichen Abschluss seiner Spielsuchttherapie, die etwa sechs Wochen in Anspruch nehmen würde, würde Marc wieder in einer Wohngruppe der Jugendhilfeeinrichtung unterkommen. Im Anschluss dürfe er in eine eigene Wohnung ziehen, die er jedoch ohne finanzielle Unterstützung (ausschließlich mit selbst verdientem oder aus öffentlichen Mitteln beantragtem Geld) seines Vaters bezahlen muss, der leider bis Zuletzt die Einstellung vertrat, er müsse seinem Sohn stets Geld zur Verfügung stellen. Außerdem sollte er für letzteres Vorhaben eine

Tätigkeitsaufnahme nachweisen. Diese Bedingungen wurden zeitgleich zu Bewährungsauflagen und deren Einhaltung begründete meine Entscheidung, Marc vorzeitig zu entlassen. Heute weiß ich, dass meine Entscheidung ein Fehler war. Denn Marc P. war ein Blender. Ein Betrüger und Lügner, der sich enorm gut verkaufen konnte. Kaum in der Freiheit angekommen, erhielt ich seitens der Jugendhilfeeinrichtung gerade vier Wochen nach seiner Entlassung die Mitteilung, dass er wieder aus der Wohngruppe ausgeschlossen wurde. Er hatte vom Jobcenter Übergangsgelder erhalten, die er sozusagen in der nächsten Spielhalle noch am Zahltag verzockt hat. Marcs Vater zahlte aus diesem Grund die Miete für seine angemietete Wohnung und steckte ihm regelmäßig größere Geldbeträge zu, da er ja von irgendetwas leben müsse. Mit diesen Informationen konfrontierte ich Marcs Vater, aber auch den Bewährungshelfer. Beide zeigten sich empört darüber, dass ich meine Kompetenzen dermaßen überschreiten würde. Schließlich sei die JVA nicht mehr zuständig und ich solle mich daraus halten. Sicher hätte es mir auch egal sein können, was mit Marc P. passiert. Da ich jedoch seine vorzeitige Entlassung befürwortet und vor dem Gericht begründet hatte, war es mir sicher nicht egal, wenn Marc bereits in kürzester Zeit wieder dafür sorgen würde, dass erneut Menschen durch sein Verhalten zu Schaden kämen. Vollzugsanstalten sind rein rechtlich noch bis zu sechs Monate nach Haftentlassungen für die ehemaligen Gefangenen zuständig. Von meiner Zuständigkeit machte ich Gebrauch und informierte die damals zuständige Richterin über die aktuellen Vorfälle. Sie glauben gar nicht, wie oft man seitens der Bewährungshilfe und des Vaters von dem Zeitpunkt an versucht hat, mit mir in Bezug auf die Zukunft von Marc P. Kontakt aufzunehmen. Leider war ich für die Herrschaften nicht zu erreichen, denn ich wollte für den unbelehrbaren Marc nicht noch einmal die Hand ins Feuer legen…

Bis zum heutigen Tage musste sich Marc P. bereits wieder mehrmals vor Gericht verantworten, da er aus seinen Fehlern leider nicht gelernt hat. Er ist definitiv ein Mensch mit zwei Gesichtern, der unglaublich schwer einzuschätzen ist und es sicher schafft, auch die Menschen in seinem Umfeld zu blenden. Daher hat er unverdient Unterstützung aus allen Richtungen erhalten und damit eine vorzeitige Haftentlassung erreicht. Auch hier ist also eine weitere Anforderung an die hohen, charakterlichen Eigenschaften eines Vollzugsbeamten zu erkennen: nämlich Glück! Es gibt Dinge, die nicht vorhersehbar und Menschen, die nicht durchschaubar sind. Auch mit Feingefühl und einer starken Beobachtungsgabe schafft man es nicht, eine Persönlichkeit zu durchschauen. An dieser Stelle spiegelt sich im Grunde die Rückfallquote im Vollzug wieder. Also kann man abschließend sagen, dass ein erfolgreiches Vollzugsergebnis nicht nur vom Vollzugssystem abhängt, sondern ebenso viel von der Bereitschaft des Kriminellen, aus seinen Fehlern der Vergangenheit lernen zu wollen…

An dieser Stelle sollten wir Alle „Danke" sagen. Danke dafür, dass tausende von Justizvollzugsbediensteten sich sieben Tage rund um die Uhr darum kümmern, dass Deutschland ein großes Stück weit sicherer wird und diese Menschen ihre

Gesundheit und ihr Leben für die Gesellschaft einsetzen!

Stefan Altrogge

Herstellung und Verlag:
BoD - Books on Demand, Norderstedt
ISBN 978-3-7460-1015-1